En thérapie
la psychanalyse
en série

Émilie Gavoille
Sophie Gindensperger
Guillaume Launay
Joffrey Ricome

En thérapie

la psychanalyse en série

Enfin tout comprendre à la psychanalyse grâce à une série !

Illustrations
Caroline Andrieu

Gründ

Il y a cette généraliste parisienne, habituée à orienter ses patients entre différents psychothérapeutes d'obédiences variées, qui s'est trouvée plutôt perplexe lorsqu'ils lui ont demandé « Je veux quelqu'un comme Philippe Dayan ». La pédopsychiatre et psychanalyste Caroline Eliacheff, qui avoue en souriant au journal *Marianne* se demander parfois « Que dirait Dayan s'il était à ma place ? » Ou encore Christine, sexagénaire interviewée par *Le Monde*, qui, convaincue par la série d'entrer en thérapie, se demande carrément « Existe-t-il dans la vraie vie des psychanalystes aussi bons que le Dr Dayan ? »

Succès considérable – 53 millions de visionnages pour la saison 1, 26 millions pour la saison 2, chiffres record pour Arte –, l'adaptation de la série israélienne *Be Tipul* a remis en lumière une profession et une pratique que tout le monde a l'impression de connaître sans forcément bien savoir ce qui s'y joue. Une série qui satisfait une forme de voyeurisme : par définition, une séance est un moment fermé aux regards extérieurs ; la seule à laquelle on peut assister est donc la sienne... Sans compter qu'*En thérapie* assouvit aussi la curiosité qu'éveille la personne du praticien, souvent nimbée de mystère : son quotidien, sa vie privée, mais aussi ses doutes professionnels et sa crise existentielle.

Cette humanisation de la figure du psy est l'une des raisons qui lui a permis de séduire autant les professionnels. Si elle a parfois provoqué des débats – la pratique de Dayan ne faisant pas toujours l'unanimité –, *En thérapie* a globalement conquis un secteur régulièrement critiqué ou mal compris. « Pourquoi devrions-nous bouder les effets de l'exploit de cette série, écrivait en juin 2022 Jean-Marie Fossey, président de la Fondation européenne pour la psychanalyse, dans un éditorial. Une série qui remet sur le devant de la scène l'inconscient, la sexualité, le transfert. Et cela d'autant plus à l'heure où la psychanalyse est une fois de plus menacée, avec l'essor des neurosciences et l'importance prise par la psychopharmacologie. » Une série qui plaît aux professionnels qu'elle met en scène, c'est plutôt rare dans la fiction, où les métiers représentés à l'écran véhiculent souvent des clichés – les journalistes en savent quelque chose.

En thérapie n'est pas pour autant un documentaire. La série est scénarisée, interprétée, mise en scène et a dû pour toutes ces raisons prendre des libertés avec la réalité. C'est ce qui nous a donné envie d'en savoir davantage, aussi bien sur la méthode de Dayan que sur la crédibilité des profils des patients et de leurs problèmes. Et, pour cela, d'aller interroger des psychiatres et des psychanalystes représentants de pratiques, générations, courants différents... Ces psys se sont pris au jeu de nos questionnements, jaugeant la pratique de Dayan comme celle d'un confrère, considérant ses patients un peu comme s'ils étaient les leurs. Avec eux, nous avons voulu mettre en lumière ce qui se joue dans une thérapie analytique, expliciter des concepts et processus à l'œuvre dans un cabinet de psy. Avec toujours, comme support, cette galerie de personnages que les spectateurs ont désormais, comme nous, le sentiment de connaître intimement.

Ce livre s'adresse donc aussi bien aux fans de la première heure qu'aux curieux pour qui la psychanalyse est une discipline encore mystérieuse. Tout autant qu'à ceux qui ont envie de mieux se connaître, et qui, intimidés par le fait de devoir s'allonger pour se confier, ont découvert avec Dayan que les patients étaient le plus souvent assis.

Installez-vous confortablement, c'est maintenant à votre tour de prendre place de l'autre côté du divan pour superviser la pratique du Dr Dayan...

Sommaire

Le Dr Dayan, un psy comme les autres ? 9

- D'où vient la série ? 10
- Qui est Frédéric Pierrot, l'interprète du Dr Dayan ? 16
- Quel genre de psy le Dr Dayan est-il ? 22
- *En thérapie* ressemble-t-elle à la vraie vie ? 32
- Le Dr Dayan est-il cher ? 42
- À quoi ça ressemble, un cabinet de psy ? 50
- Qui sont les superviseurs ? 58
- La responsabilité du Dr Dayan 66
- Le suicide chez un patient 74
- Le Dr Dayan est-il un bon psy ? 76

Les patients 84

- Ariane 86
- Adel 96
- Camille 106
- Damien et Léonora 116
- Inès 130
- Robin 140
- Lydia 152
- Alain 164

Le Dr Dayan, un psy comme les autres ?

D'où vient la série ?

Faire entrer une caméra dans un cabinet de psychanalyse, un lieu d'ordinaire à l'abri des regards et hors de portée des oreilles, pour voir ce qu'il s'y passe, écouter ce qu'il s'y dit, et raconter jour après jour le déroulement d'une cure. À l'origine, l'idée en avait laissé plus d'un perplexe. Filmer des gens assis dont la seule activité se résumerait à parler ? Les téléspectateurs, c'est sûr, allaient s'ennuyer ferme… Les créateurs de la série israélienne *Be Tipul* (deux saisons diffusées entre 2005 et 2008) ont bien fait d'écouter leur instinct et de faire le pari de l'audace.

Dix-sept ans après ses débuts sur le petit écran, le concept imaginé par Hagai Levi, avec Ori Sivan et Nir Bergman, a connu dix-huit adaptations à travers le monde, contribuant à mettre en lumière la pratique analytique auprès du grand public, des États-Unis à l'Italie, du Brésil à la Serbie, en passant par le Portugal, la Pologne, l'Argentine… Et la France, où les deux saisons de *En thérapie* ont rencontré un succès fulgurant : déjà plus de 53 millions de vues pour la première, et plus de 26 millions pour la deuxième, comptabilisées par le diffuseur Arte.

En 2003, Hagai Levi, un ex-étudiant en psychologie diplômé de l'école de cinéma de l'université de Tel-Aviv, sollicite d'anciens camarades devenus, comme lui, scénaristes et/ou réalisateurs. Lui travaille alors essentiellement pour la télévision locale, en pleine ébullition sous l'effet de l'apparition récente d'opérateurs privés et de chaînes câblées ouverts aux idées nouvelles. Ça tombe bien : il en a une. Analysant depuis l'adolescence, il adore écrire des dialogues, et imagine une série qui se bornerait à suivre les échanges entre un psy et ses patients. « J'étais un adolescent très anxieux, sujet à des crises de panique, et à des phases de dépression.

Éric Toledano et Olivier Nakache en compagnie d'Hagai Levi, le créateur de Be Tipul.

À l'âge de 17 ans, je suis entré en thérapie, et je n'ai jamais arrêté depuis. À l'époque, je l'ai vécu comme une honte, comme quelque chose qu'il fallait garder secret. Aujourd'hui, ça s'est normalisé. Mais il me semblait très important de dire que des gens tout à fait normaux suivent une thérapie, que ce n'est pas un truc réservé aux fous. » (*Télérama*, février 2021)

Présenté à la chaîne Hot 3, le pitch séduit, d'autant que le dispositif de réalisation rudimentaire – un simple champ-contrechamp – permet de répondre aux budgets très serrés qui caractérisent alors l'audiovisuel israélien. Dans son appartement de Tel-Aviv, le scénariste réunit cinq auteurs qu'il supervise. Chacun travaille à un personnage et tous mettent la main à la pâte pour façonner celui du psychanalyste. En 2005, la première saison de *Be Tipul* voit le jour. Dans la peau du psy, l'acteur Assi Dayan, très populaire en Israël, où personne n'a oublié son père, le général Moshe Dayan – le psy français, Philippe Dayan leur doit son patronyme. Très conceptuelle, la série invente alors un mode de fabrication et de séquençage particulier qui sera largement repris, par la suite, pour mener à bien les différents remakes internationaux.

Dernière en date, la version française est née de la rencontre de trois tandems créatifs. Les productrices des Films du Poisson, Yaël Fogiel et Laetitia Gonzalez, qui avaient acquis les droits français de la série israélienne, les cinéastes Éric Toledano et Olivier Nakache, et les scénaristes Vincent Poymiro et David Elkaïm. Quand ils se réunissent début 2016 pour évoquer le projet qui leur trotte dans la tête depuis un

In Treatment, ***l'adaptation américaine de* Be Tipul.**

moment – tous sont fans de l'original israélien – les attentats du Bataclan viennent de se produire. Pour eux, impossible de passer à côté de l'événement. « La première séance que j'ai eue avec mon psy après les attentats, je suis parti en claquant la porte après un quart d'heure. Ça ne m'était jamais arrivé avant » expliquait David Elkaïm à *Télérama* en février 2021. C'est le signe qu'il faut travailler sur ce trauma collectif. Plutôt que de produire un décalque francisé de *Be Tipul*, qui a notamment donné lieu à une transposition américaine par HBO, *In Treatment*, déjà connue de nombreux sériephiles français, pourquoi ne pas assumer le décalage et situer l'intrigue au lendemain des attaques ? Ce serait une vraie innovation, puisque dans aucun autre pays la série n'a été adaptée de cette façon. Ils soumettent l'idée à Hagai Levi, qui a gardé un droit de regard et de coproduction pour certains projets de déclinaisons de la série. Auparavant, en France, il y avait eu « trois ou quatre tentatives (...) mais, à chaque fois, les chaînes étaient trop frileuses », confiait Hagai Levi en 2019 (Télérama, février 2021). Cette fois, le scénariste israélien est emballé par ce qu'on lui soumet. Devenu *showrunner* à succès aux États-Unis, où il a notamment initié *The Affair* sur Showtime, il donne son assentiment aux auteurs et réalisateurs, et les incite à prendre les libertés nécessaires avec le scénario original. Il les accompagnera tout au long du processus de création, de l'écriture au tournage. Car Arte, de son côté, a donné son feu vert.

Mémorial devant le Bataclan, à Paris, quelques jours après les attentats du 13 novembre 2015.

Jacques Lacan (1901-1981) lors d'une conférence à La Sorbonne, en 1975.

À leur tour, Vincent Poymiro et David Elkaïm – puis, pour la saison 2, Clémence Madeleine-Perdrillat – constituent une équipe de scénaristes, chargés individuellement de la trajectoire d'un personnage. La jeune femme aux prises avec son transfert amoureux, le couple au bord du divorce, le combattant belliqueux atteint d'un choc post-traumatique, la jeune sportive suicidaire, le psy lui-même en pleine crise : les protagonistes s'inspirent et ressemblent à bien des égards à leurs prédécesseurs israéliens et américains. Mais ils sont aussi, à plus d'un titre, très français. Tous ont d'abord vécu, de très près ou d'un peu plus loin, les attentats du 13-Novembre. Et tous convergent à des heures et des jours différents de la semaine, chez Philippe Dayan, psychiatre et psychanalyste dont la pratique est assez fortement imprégnée des préceptes de Lacan, figure tutélaire de la psychanalyse en France. Son cabinet est situé dans le 11e arrondissement, près des terrasses endeuillées et à quelques rues du Bataclan – dans l'ultime épisode de la saison 1, on le voit sortir marcher le long du mémorial éphémère érigé en l'honneur des victimes, boulevard Voltaire.

Les biographies et les professions de certains personnages ont aussi été transformées. L'anesthésiste originelle a par exemple laissé place à une chirurgienne, Ariane, qui a opéré et soigné des blessés des attaques. Le pilote de chasse de la version israélienne, traumatisé après avoir bombardé un immeuble de civils palestiniens à Ramallah, s'est mué, pour les besoins de la transposition française, en un flic de la BRI qui, parmi les premiers, a participé à l'assaut de la salle de concerts. Il est par ailleurs rattrapé par le drame vécu par sa famille lors de la décennie sanglante en Algérie. Située cinq ans plus tard, la saison 2 conserve le même praticien mais adopte quatre nouveaux patients. Lesquels ont subi de plein fouet la pandémie de Covid-19 et les effets délétères des confinements successifs, notamment sur leur moral. « Un nouveau traumatisme national », résume justement Frédéric Pierrot, l'interprète du Dr Dayan.

Qui est Frédéric Pierrot, l'interprète du Dr Dayan ?

De tous les acteurs choisis par Olivier Nakache et Éric Toledano pour jouer dans *En thérapie,* Frédéric Pierrot n'était ni le plus célèbre, ni le plus « bankable ». Pas une vedette mondialement connue à l'instar de Carole Bouquet et de Charlotte Gainsbourg, qui incarnent tour à tour les superviseuses de son personnage, Philippe Dayan. Pas non plus un comédien renommé, à l'image de Pio Marmaï ou de Mélanie Thierry qui campent deux fidèles de son cabinet. N'empêche, avec son allure de Droopy décoiffé, sa présence très empathique et sa voix grave à la Gérard Depardieu, l'interprète du psychanalyste est l'incontestable pivot de la série d'Arte. Un projet hors norme dont le succès phénoménal l'aura, en l'espace de deux saisons, érigé en star. Bien sûr, le visage et le nom du comédien sexagénaire n'étaient pas étrangers aux spectateurs français. Depuis les années 2010, ils ont vu Frédéric Pierrot s'illustrer dans plusieurs seconds rôles particulièrement marquants. En professeur de médecine très empathique dans *La guerre est déclarée* de Valérie Donzelli, en commandant de police dans *Polisse*, de Maïwenn, ou encore en père bouleversé par le retour parmi les vivants de sa fille défunte dans la série *Les Revenants*.

Devenir acteur, ce n'était pourtant pas l'objectif initial de ce fils d'un vétérinaire et d'une mère au foyer, aîné de quatre enfants, et élevé en Normandie. C'est sur la côte Est des États-Unis, où il séjourne un été alors qu'il est étudiant en maths, que Frédéric Pierrot, clarinettiste amateur à ses heures perdues, découvre émerveillé l'effervescence des boîtes de jazz et éprouve pour la première fois l'appel de la scène. Il ne deviendra comédien que bien plus tard, après avoir travaillé pendant une dizaine d'années en tant que technicien sur les plateaux de cinéma, tour à tour machiniste, électricien, régisseur… tout en fréquentant un atelier de théâtre. Autant d'expériences d'appréhension des autres, d'observation, d'écoute qui ne sont pas très éloignées, finalement, des qualités requises pour devenir thérapeute… L'acteur, qui demandait à Bertrand Tavernier dont il était un fidèle, de lui faire « jouer des métiers » (il a par exemple été garagiste dans *L.627* ou encore chef de train dans *Capitaine Conan*), ne s'était jamais glissé dans les habits du psy avant qu'Olivier Nakache et Éric Toledano ne lui proposent d'embrasser le rôle du Dr Dayan. Mais, à quelques reprises, il a joué les dépressifs : dans *La Vie moderne*, de Laurence Ferreira Barbosa, et dans *Imago (jours de folie)* de Marie Vermillard.

Le premier psy de sa vie, Frédéric Pierrot l'a rencontré aux alentours de la vingtaine. Comme tant d'autres jeunes hommes à

Il endosse le rôle de Jacques, chômeur alcoolique, dans La Vie moderne (2000).

Madre *(2019).*

l'époque, il cherchait à se soustraire au service militaire. « Ma démarche était la même que celle de la jeune nageuse de la première saison jouée par Céleste Brunnquell. Je voulais un certificat pour être réformé "P4[1]", se souvient le comédien. Et, comme Dayan le fait avec Camille, le psychiatre que je suis allé voir ne m'a pas donné mon papier tout de suite, et m'a plutôt dit de revenir le voir pour quelques séances. Il a fini par me donner ce que je voulais, et moi, par continuer à le consulter. Quelques années auparavant, j'avais lu un bouquin de philo qui m'avait traumatisé. Je ressentais un mal-être et je m'étais persuadé que j'étais schizophrène. Évidemment, ce psy m'a démontré que je ne l'étais pas et que j'avais mal interprété ce texte. Puis on a parlé de bien d'autres choses. »

Depuis, Frédéric Pierrot n'a plus cessé de s'allonger sur le divan. « Pour moi, cette série, c'était aussi une occasion de montrer à des gens qui me sont proches et qui ont une vraie résistance vis-à-vis de la psychanalyse que ce n'est pas du temps perdu. Au contraire, c'est d'un grand secours. Faire cette série, c'était aussi une manière de lever ce genre de préjugés infondés, d'abolir des réticences. » Pendant la préparation et le tournage des deux saisons de *En thérapie*, l'interprète de Dayan a continué à voir le sien, de praticien, le psychiatre et psychanalyste Patrick Delaroche. « Le travail analytique favorise et facilite mon travail d'acteur, c'est certain (...) La série a sans doute accéléré ma cure. Juste avant le tournage de la saison 2, mon psy a commencé à dire qu'il allait peut-être

[1] Cet indicateur d'aptitude psychiatrique signifie la présence de troubles de la personnalité et de l'adaptation incompatibles avec l'exercice du service militaire.

Dans **Seize Printemps** *en compagnie de Suzanne Lindon, qui interprète Lydia dans la série.*

raccrocher, que j'étais suffisamment avancé pour qu'il me laisse. Mais je continue de le voir un peu – on peut considérer que c'est une forme de contrôle. » (*Télérama*, mars 2022)

Métiers de parole et d'interprétation, le jeu d'acteur et la pratique analytique sont, le comédien en est convaincu, intimement liés. Il s'en réfère souvent à *Jouer pour de vrai* (éd. Érès, 2011), l'ouvrage que son thérapeute, Patrick Delaroche, a consacré au psychodrame psychanalytique individuel et à la mise en scène des fantasmes des patients dans le cadre thérapeutique. La frontière avec le théâtre est ténue… « Jouer pour de vrai, c'est une formule très enfantine qui, dans le même temps, est investie d'un projet important : approcher la vérité. C'est ce que nous, les acteurs, essayons de faire [...] En amont du tournage de la deuxième saison [...], je me souviens d'avoir appelé ma mère après une séance [de travail sur le scénario], un peu agacé parce que je n'étais pas parvenu à faire passer une de mes idées. Alors, je m'en suis ouvert à elle, qui m'a dit : "Mais, Frédéric, enfin, tu n'es pas vraiment psy quand même ! Ce n'est pas un documentaire que tu fais. — Mais, maman, moi, je ne fais pas la différence entre documentaire et fiction", lui ai-je répondu. C'est pour ça qu'on m'a engagé : jouer pour de vrai. » (*Télérama*, mars 2022)

Sur les plateaux, comme dans la vie, l'inconscient s'exprime sans nécessairement crier gare, hors du cadre défini et des dialogues imaginés par les scénaristes. Frédéric Pierrot évoque ainsi des lapsus pendant les prises, certains à connotation sexuelle, sources de fous rires entre acteurs. Ou d'autres très signifiants, qui ont abouti à des jaillissements d'intense émotion dont les réalisateurs ont su s'emparer. Comme ce jour où l'une de ses partenaires substitue au « papa » prévu dans le texte, un « maman ».

« J'ai failli le relever, pour qu'on reprenne la scène, et puis je ne l'ai pas fait. Une émotion est née chez elle, qu'elle a travaillée et maîtrisée tout au long de la scène... C'était magnifique », se remémore le comédien. (*Télérama*, février 2021) « Une thérapie, dit-il, c'est de faire tomber les masques. » À certains moments du tournage, alors que son personnage retrace son histoire familiale, Frédéric Pierrot a lui aussi pensé à sa propre mère. « Et là, tout de suite, ça rigole moins », résume-t-il.

La porosité entre la fiction et le réel, l'interprète du Dr Dayan a déjà eu auparavant l'occasion de l'éprouver. Quand Valérie Donzelli préparait *La guerre est déclarée*, son film très autobiographique relatant le combat contre la maladie de son fils (qui jouait, tout comme ses parents, son propre rôle), Frédéric Pierrot se souvient (*TéléObs*, août 2013) que la réalisatrice, qui l'avait choisi pour incarner le médecin de l'enfant, l'avait emmené assister à une consultation du véritable Pr. Sainte-Rose, dont elle désirait en premier lieu qu'il participe au film. « Si l'histoire était vraie, le sujet était d'autant plus fort. (…) Ça m'a demandé un effort très particulier de m'abstraire de cette réalité et de jouer. »

Pour *En thérapie*, le comédien n'a pas pu s'appuyer sur l'artifice d'une blouse blanche ou de tout autre costume. Avec son accord, Anne-Sophie Gledhill, la costumière de la série, avait opté pour des vêtements très sobres – pull en cachemire, veste en tweed, boots en cuir – dont tout incitait à croire que l'acteur pourrait lui-même les porter à la ville. « Quand vous jouez un curé ou un militaire, que vous portez une soutane ou un treillis, l'habit vous définit, modifie la manière dont vous bougez. Dans le cas de Dayan, tout reposait sur la parole et l'écoute. » Premier rôle hors norme d'un projet de série très loin des canons traditionnels de la télévision, Frédéric Pierrot a été contraint de bousculer ses habitudes de travail, jusqu'à mettre au point une nouvelle méthode. Lui qui avait l'habitude de recopier intégralement ses textes pour appréhender ses rôles et en mémoriser les dialogues, il a, cette fois, dû renoncer face à l'immensité de la tâche qui l'attendait – rien moins que 900 pages reçues à peine un mois avant le début du tournage ! Après s'être essayé au prompteur, comme l'avait d'abord expérimenté Assi Dayan, l'interprète du thérapeute dans *Be Tipul*, la version israélienne originale de la série, le comédien français a fini, sur le plateau, par s'aider d'une oreillette, en accord avec les équipes de production. Sans jamais rien laisser transparaître à l'écran.

Intervenue dans une période très particulière, traversée par la pandémie et les confinements successifs, la naissance de *En thérapie* a marqué durablement le comédien. Il se souvient notamment de la série de rêves qu'il a faits juste avant de commencer le tournage de la saison 2. « L'un en particulier m'est resté en mémoire. Mon psy était présent, même si souvent, dans les rêves, les figures et les motifs sont interchangeables, symboliques. Souvent, c'est soi derrière le visage des autres. Il me regardait et m'adressait une phrase qu'au réveil, j'ai eu du mal à retrouver. Après un moment et un certain effort, un mot m'est revenu : méta-langage. Ce qui se dit au delà du langage. J'y ai vu la preuve que le transfert fonctionnait. » Pas si simple de redevenir Frédéric Pierrot, quand on a été Philippe Dayan…

Quel genre de psy le Dr Dayan est-il ?

Un fauteuil, un canapé, un patient qui s'épanche sur ses soucis : peu de risques de se tromper quand on entame le visionnage de *En thérapie*, le spectateur sait qu'il assiste à une séance de psy. Oui, mais quel psy exactement ? Voilà une question à laquelle il n'est pas si simple de répondre. La psychothérapie peut en effet prendre différentes formes, dans une pratique qui est loin d'être unique, à l'instar des praticiens, dont la formation, le profil et l'exercice peuvent grandement différer.

On peut d'abord distinguer les psychothérapeutes en fonction de leur formation universitaire. D'un côté, les psychiatres ont une formation de médecin, et se sont spécialisés dans cette discipline ; ils peuvent prescrire des médicaments et établir des feuilles de soin et exercent à l'hôpital ou en libéral. De l'autre, les psychologues ont suivi un cursus jusqu'à un master en psychologie (bac + 5) avec stage professionnel. Les psychologues peuvent exercer dans de nombreux secteurs (recrutement, Éducation nationale, accompagnement), et on appelle « psychologue clinicien » ceux qui exercent en hôpital ou en centre spécialisé.

Le titre de psychanalyste, quant à lui, n'est pas lié à une formation universitaire : le psychanalyste s'est formé à la discipline initiée par Freud dans une école spécialisée, et en suivant lui-même une analyse. Si, le plus souvent, cette spécialisation vient compléter une formation de psychologue ou de psychiatre, il peut y avoir des psychanalystes qui n'ont aucun de ces titres. Plus largement, on parle de psychopraticien pour désigner toute personne qui procure des soins en termes de santé mentale ; celui de psychothérapeute (*décret du 20 mai 2010, loi du 9 août 2004*) impose l'inscription des professionnels au registre national des psychothérapeutes (ADELI).

La psychanalyse n'est qu'une approche thérapeutique parmi d'autres. Par exemple l'approche systémique, qui travaille plus sur « l'ici et maintenant », utilisée notamment dans les thérapies familiales ; les thérapies cognitivo-comportementales (TCC), basées sur le désapprentissage des schémas cognitifs erronés et des comportements inadéquats

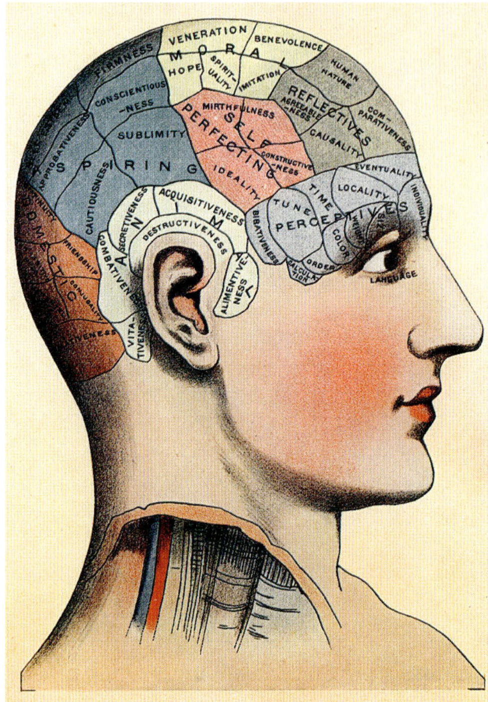

Initiée au XIX**e **siècle par le neurologue allemand Franz Joseph Gall, la phrénologie entend lier le caractère d'une personne à la forme de son cerveau et de son crâne. Battue en brèche, elle ouvrit néanmoins la voie à la psychiatrie.

et qui visent la suppression du symptôme gênant, par exemple d'attaques de panique, dans des traitements de courte durée ; ou la technique de l'EMDR (*Eyes Movement Desensitization and Reprocessing*), qui postule qu'une anxiété d'origine traumatique peut disparaître grâce à des mouvements oculaires.

Un repérage pas toujours évident pour le patient, reconnaissent **Françoise Hirsch** et **Véronique Barfety-Servignat**, psychologues cliniciennes à Toulouse et Lille. « En France, c'est problématique :

la psychothérapie n'est pas protégée par un vrai statut, seul le titre de psychothérapeute l'est. En France, les psychothérapeutes sont majoritairement psychiatres ou psychologues, toujours inscrits sur les listes ADELI de l'Agence régionale de santé. De fait, certains praticiens non psy s'installent comme thérapeutes – titre non protégé – pour éviter le titre de psychothérapeute. Vous pouvez avoir des psychopraticiens, psychogénéalogistes, coachs en tout genre, psycho-tarologues, la liste est infinie. Mais thérapeutes de quoi ? Les thérapeutes peuvent suivre une formation spécifique : Gestalt, hypnose, pleine conscience ou autre », expliquent les deux psys, autrices d'un article « La série En thérapie, fiction ou réalité », dans le *Journal des psychologues* de juin 2021. Néanmoins, les formations en thérapie ne font pas toutes référence. Nous voyons arriver quantité de thérapies et de pseudo-thérapies, dont les caractéristiques et les formations associées sont parfois très douteuses. Par ailleurs, on ne sait pas toujours à qui on a affaire, à quel type de professionnel on se retrouve à exposer intimité et souffrance. Ça complexifie énormément la notion de prise en charge psychologique. »

Julie Mortimore Billouin, psychanalyste à Paris :
« Quand la personne vient, elle n'est pas forcément au courant que celui ou celle qui la reçoit est psychiatre, psychanalyste ou psychologue. Souvent les gens qui viennent nous rencontrer ne font pas bien la différence, ils souffrent, ils ont juste besoin d'être entendus. »

Dominique Launay, psychologue clinicienne à Caen, aujourd'hui retraitée :
« La spécificité de la parole analytique, c'est que c'est une parole "adressée" à quelqu'un qui peut répondre… un interlocuteur qui va occuper différentes places et qui, avec l'aide du transfert, va donner du sens aux paroles énoncées. Ce n'est pas une parole à tout vent comme sur les réseaux sociaux où on parle à tout le monde mais à personne en particulier. La série redonne place à la psychanalyse à une époque où les techniques de coaching et de développement personnel ont le vent en poupe, au moyen de recettes applicables à tout le monde. En psychanalyse, c'est à chacun de trouver sa voie, ce n'est pas un bonheur clé en main. Et la série redonne sa place à la fragilité : on a le droit d'être triste, déprimé, angoissé et de trouver une issue. Dans la société actuelle, ce sont des choses qu'il faut réprimer : on ne te permet pas d'être faible. C'est important que les gens entendent ça. »

Et Dayan dans tout ça ? On le voit occasionnellement prescrire des médicaments, et c'est bien son expertise de psychiatre qui est attendue dans le cas de la jeune Camille. Il a à la fois une formation de médecin et de psychanalyste, et ce qu'il pratique essentiellement dans la série est une psychothérapie d'inspiration analytique.

Assis, couché ?

« Je pense pas que je vais pouvoir m'allonger aujourd'hui.» Ariane est en larmes sur le canapé. Sur le plan suivant, elle est finalement allongée. Elle commence à raconter ce qu'elle a vécu la nuit du 13 novembre, pleure, puis se relève. « Je préférerais qu'on continue en face-à-face. »
L'image d'Épinal est bien celle-ci : le patient, couché sur un divan, et le psy, sur son fauteuil, un carnet à la main. Mais, dans le cabinet du Dr Dayan, patient et psy se font face et confrontent leurs regards. Une configuration proche de ce qui se passe dans la réalité, et qui correspond parfaitement au titre de la série, qui est bien *En thérapie* et non *En analyse*. Quelle est la différence ?

> « Outre la position du patient, elle se joue aussi dans la fréquence des séances et des interventions du thérapeute, explique **Annie Cohen**, psychanalyste formée à la Société psychanalytique de Paris, qui exerce dans le 13e arrondissement de Paris.
>
> La psychanalyse comme on l'entendait, comme ça se pratique encore surtout aux États-Unis, c'est une version dans laquelle les patients peuvent aller jusqu'à cinq fois par semaine chez le psy, allongé. Il y a deux raisons pour lesquelles on ne va pas faire de psychanalyse, mais plutôt une psychothérapie, en face-à-face : on a des personnalités, des types de structures psychiques qui ne se prêtent pas à la thérapie allongée, qui ont besoin de voir le thérapeute, de s'appuyer sur son regard. Symboliquement, s'allonger peut être source d'angoisse, d'abandon, on peut se sentir seul, perdu. J'ajoute que quand on est allongé, le thérapeute intervient nettement moins. La deuxième raison est totalement pragmatique : les gens n'ont pas forcément envie d'investir le temps et l'argent nécessaires à trois séances par semaine. »

Aujourd'hui, la psychothérapie en face-à-face est, selon les témoignages recueillis pour cet ouvrage, la pratique majoritaire. Le dispositif peut aussi évoluer au cours de la thérapie.

> « On dit vraiment qu'on "allonge" un patient, explique **Françoise Hirsch**. La psychanalyse peut être une deuxième phase d'une psychothérapie, par exemple. Soit la personne vient d'emblée pour une psychanalyse, soit elle traverse un moment particulier de sa vie et la demande concerne surtout ce qu'elle vit et qui ne fait pas sens pour elle à ce moment-là. Le travail s'installe d'abord en fac-à-face et peut se poursuivre en situation de divan. C'est dans un moment un peu particulier du travail engagé, que l'analyste repère. C'est toujours une proposition, jamais une injonction. Il s'agit de se dégager du regard de l'autre pour être dans son propre regard. Allongé, le patient n'est

plus sous le regard, la pression retombe et la censure de la parole également. Quand on est aux prises avec le regard de l'autre, le travail de censure va se faire. Justement, le travail de la psychanalyse, c'est qu'il n'y ait pas de censure, la règle, c'est "dites tout comme ça vous vient". Et on se retrouve avec la possibilité de mettre des mots, des images, des souvenirs, des associations sur son expérience à soi, pas sur ce qu'on imagine que l'autre attend de nous. Quand Freud découvre ça, il découvre la possibilité de lâcher prise, de s'absenter temporairement pour laisser le champ libre à un travail d'intériorisation et d'exploration de l'inconscient. L'analyste est un guide, un soutien, un miroir, il repère et analyse les mouvements transféro-contre-transférentiels présents dans le travail analytique. Il accompagne sans s'imposer et sans surtout se référer à sa propre histoire. C'est là qu'il est important d'avoir fait sa propre analyse. »

« On peut aussi tout à fait s'asseoir pour parler en face-à-face pendant une analyse qui s'effectue couché », rappelle **Hélène Elkaim**.

Le personnage de Robin, comme celui de Lydia, choisissent à la fin de la saison 2 d'interrompre leur thérapie. À l'inverse, Alain, qui exprime la volonté d'arrêter, comprend que son travail n'est pas terminé. Comment le sait-il ? Analyse ou thérapie, la question de savoir quand ça se finit est propre à chaque patient.

Julie Mortimore Billouin, psychanalyste :
« Ça vient du patient. À un moment donné, c'est lui qui va amener cette question-là, et c'est le clinicien qui doit examiner avec le patient si c'est vraiment une fin ou un mouvement de résistance à aller plus loin. C'est un moment qui est très particulier, parce que dans les deux cas, c'est une ouverture de quelque chose, qui est très important. Le clinicien va examiner pour quelle raison il était venu. Est-ce que c'est réglé pour vous ? Selon la réponse, selon la façon qu'a la personne de parler, s'il a un discours un peu blindé, un peu fermé, du type "ça va, de toute façon on ne peut pas tout régler dans la vie", ça peut vouloir dire que ce n'est pas réglé, que la personne n'a plus trop le courage d'aller plus loin. C'est alors au clinicien d'intervenir, non pas d'encourager, mais au moins d'inviter à ne pas abandonner. Et à aider à dénouer ces résistances-là, celles que Freud avait découvertes dès le début de sa pratique clinique : le patient lui-même s'oppose à la guérison et, donc, à son traitement. »

Françoise Hirsch, psychologue clinicienne :
« Les gens arrivent en thérapie sur des problématiques d'amour, de mort, de trauma, de répétition, d'inhibition ou d'effondrement. Notre travail c'est de faire que ce qui les fait souffrir les fasse moins souffrir, qu'ils trouvent du sens à cette souffrance, et

qu'à un moment donné ils puissent être suffisamment autonomes avec leurs propres ressources pour ne plus avoir besoin de venir. »

L'approche est différente lorsque le patient veut arrêter une analyse.

« En analyse ou en psychothérapie analytique , ce n'est pas comme en psychothérapie, précise **Véronique Barfety-Servignat**. On va mettre le patient en travail, lui demander pourquoi il souhaite arrêter, etc. »
« La psychanalyse, ce n'est pas une histoire avec un début et une fin, c'est quelque chose qui se continue, on peut reprendre, faire une première, une deuxième ou une troisième tranche », confirme **Hélène Elkaim**.

Lacanien ou freudien ?

Dans le dernier épisode de la saison 2, on peut clairement identifier la couverture du *Séminaire* de Jacques Lacan, livre 1, dans le carton où le Dr Dayan range ses livres, avant de déménager. Il n'est cependant pas certain que ce clin d'œil suffise à trancher la question : Dayan est-il lacanien ? Les praticiens que nous avons interrogés ne sont pas tous d'accord et, en l'absence d'un propos formel du praticien dans la série, ils doivent se baser sur des éléments de méthode ou de langage pour tenter de répondre.

Dayan cite parfois Freud et Lacan avec ses patients, mais surtout avec ses contrôleuses, où les échanges prennent parfois un tour plus théorique.

Marie-Laure Susini, psychiatre et psychanalyste à Paris :
« On voit qu'il a une formation classique, de quelqu'un qui a étudié Freud et Lacan. Je ne sais pas si aujourd'hui, on peut opposer freudiens et lacaniens, dans la mesure où les lacaniens, tout comme Lacan, se sont toujours référés à Freud. Le Dr Dayan a son style personnel, qui résulte à la fois de sa personnalité, et de ses années d'expérience. C'est très important, le style ! Mais sa pratique est celle d'un thérapeute classique, qui s'appuie sur une théorie de la psychanalyse, et, quand je le regarde travailler je le considère comme un collègue ! »

On sait qu'il a été membre d'une « association freudienne » dirigée par le mari d'Esther Gaget, sa superviseuse de la saison 1, association qu'il a quittée il y a douze ans, semble-t-il davantage sur des querelles de personnes que de doctrine. Que l'association soit « freudienne » ne nous aide pas beaucoup : Jacques Lacan avait fondé l'École freudienne de Paris et plusieurs des associations qui se sont créées depuis sa dissolution comportent une référence à Freud dans leur nom. De fait, résume la psychanalyste Julie Mortimore Billouin, membre du Réseau pour la psychanalyse à l'hôpital, une association lacanienne, « quand on est lacanien, on est forcément freudien alors que l'inverse n'est pas vrai ».

Véronique Barfety-Servignat, psychologue clinicienne et chercheuse à Paris 8 :

Sigmund Freud (1856-1939)

Jacques Lacan (1901-1981)

« Lacan reprend les théories freudiennes qu'il prolonge, et articule l'inconscient et la jouissance. Le cadre est particulier, puisque les séances n'ont pas une durée fixe, et à partir de ce qui est dit dans la séance, l'analyste peut faire une scansion, arrêter le travail, frustrer la parole à ce moment-là et mettre à jour l'inconscient. Ce qui intéresse tout psychanalyste mais notamment Lacan, c'est le travail d'après coup pour le patient. On l'arrête sur quelque chose, souvent on nomme le fait qu'on va s'arrêter "là dessus", ce qu'on souhaite, c'est qu'il y ait une mise au travail après pour le patient. »

Dayan, lui, travaille à horaire fixe (les patients ont rendez-vous à la même heure chaque semaine), et les durées semblent similaires d'un patient à l'autre (notamment à cause du cadre de la série), sauf interruption par le patient lui-même.

Julie Mortimore Billouin, psychanalyste :
« La durée fixe, c'est une méthode qui est gardée par les post-freudiens, mais qui est un peu dépassée quand on est lacanien : la séance ne se suspend pas par hasard, selon le temps chronologique qui n'a rien de thérapeutique, mais à un moment précis de la parole du patient. Si possible, un moment d'ouverture,

Freud dans son bureau de Vienne, en 1937.

d'inattendu, qui interroge ou propulse la cure vers l'avant. Dans la série, il y a plusieurs moments où il suspend plutôt justement de façon un peu lacanienne, à une phrase précise, un mot juste. »

Un autre élément différenciant se situe au niveau de l'interprétation : un psy d'inspiration lacanienne laissera davantage le patient livrer sa propre analyse. Dayan l'explique lui-même lors d'un échange avec Esther : « "Une interprétation doit être une énigme", a dit Lacan. Et c'est au patient de la déchiffrer, non à l'analyste d'opérer une simplification grotesque de la parole. Ça, c'est un truc de charlatan. »
Mais, dans la série, il se livre pourtant parfois à des interprétations directes.

Corinne Tyszler, pédopsychiatre et psychanalyste, membre de l'Association lacanienne internationale :
« Dans la saison 1, le Dr Dayan interprète beaucoup les propos

des patients en collant de trop près la théorie freudienne. Il parle beaucoup, parfois trop, et la dimension du sens est souvent prégnante. Dans la pratique, on essaie de ménager un espace pour que la parole des analysants puisse se déployer au travers des associations qui sont les leurs, y compris dans le hors sens. Pour autant, le transfert porte manifestement ses fruits et les thérapies sont presque toutes menées à bien. Dans la saison 2 je le trouve plus nuancé, moins interventionniste avec les adultes, moins interprétatif. Caricaturalement, on pourrait dire que le Dr Dayan est freudien dans la première saison et lacanien dans la deuxième. »

Julie Mortimore Billouin :
« Ça prend un certain temps pour le patient d'arriver à certaines interprétations, et il fait le travail parfois à la place du patient, c'est un peu dommage. Il ne laisse pas le temps d'interpréter. Mais c'est peut-être pour les besoins de la série, parce que si on montrait vraiment les séances comme elles se passent, ça prendrait un certain temps, que la temporalité d'une fiction n'a pas… Mais ça a le mérite quand même de montrer au grand public les ressorts de l'inconscient, la façon qu'on a d'être déterminé par des choses qu'on ignore. »

Autre point cher aux lacaniens, Dayan est attentif aux signifiants, aux jeux de mots ou à leur sens caché. À Alain Abgrall, qui a perdu son frère quand il était enfant et l'a en quelque sorte remplacé auprès de ses parents, il dit : « Vous êtes passé d'Alain, à l'autre. - Mais, jusqu'à maintenant, je m'en sortais très bien sans l'autre Alain », rebondit le chef d'entreprise, point de départ à un échange sur ce qu'il avait refoulé depuis des années.

Dans un dialogue avec la jeune Camille, celle-ci lui reproche d'être du côté de sa mère, car c'est elle qui paye (la séance). « Vous avez raison, c'est toujours elle qui paye », lui répond-il terminant la séance là-dessus.

« Il est probable qu'à ce moment-là, elle entende cette métaphore, estime **Corinne Tyszler**, la pratique lacanienne joue beaucoup sur la question de ce qu'on appelle l'équivoque. C'est-à-dire le sens littéral et le sens figuré. »

Sa formation et ses références n'empêchent toutefois pas le Dr Dayan de douter de son cadre théorique. À la fin de la saison 1, marqué par la mort d'Adel Chibane, il dit à sa contrôleuse : « Je suis en colère contre Freud, contre Lacan.» Et il se met à douter de tout ce qui sous-tend sa pratique depuis trente ans, reprenant à son compte des critiques régulièrement formulées contre la psychanalyse française : « Je vois toute cette construction, et, tout à coup, je me dis que ça tient pas, comme une religion, comme un exercice rhétorique vide, une entreprise marketée qui n'arrive pas à concurrencer les proverbes du dalaï-lama ou un mouvement sectaire qui ne cesse de se radicaliser ou de s'isoler. »

En Thérapie ressemble-t-elle à la vraie vie ?

Les scénaristes de *En thérapie*, on le sait, ont bénéficié des conseils et de l'expertise de psys consultants – Emmanuel Valat pour la saison 1, Serge Hefez pour la saison 2. Si la série offre un regard inédit et très documenté sur la pratique analytique, ce qu'il peut se passer dans le huis clos d'un cabinet, ce qu'il peut se dire et se révéler dans la relation entre un patient et son praticien, elle reste pour autant une œuvre de fiction, avec ses effets de loupe et ses pas de côté, ses ellipses et ses impasses. La façon de faire du Dr Dayan est-elle très réaliste ? Ou, au contraire, pas très crédible ?

Les patients se lèvent-ils souvent ?

Un divan placé en face d'un fauteuil : tout, dans le cabinet du Dr Dayan, invite ses patients à s'asseoir ou à s'allonger confortablement. Certains s'offrent néanmoins de temps à autre le loisir de déambuler dans la pièce. C'est Adel Chibane qui tourne comme un lion en cage pour mieux déverser sa colère à l'encontre du thérapeute. Ou encore Lydia qui, lors de sa première séance, jauge le goût du praticien en matière de décoration, puis se saisit d'un vieil appareil photo posé sur une étagère en faisant mine de s'en servir. “Le nouveau décor de la série, plus grand, facilite les scènes où les patients envahissent l'espace – Robin se lève souvent, ce qui décontenance Dayan”, commentent les réalisateurs Éric Toledano et Olivier Nakache, dans un entretien donné à *Télérama* à l'occasion de la saison 2 de *En thérapie*.

Sophie Aouillé, psychologue et psychanalyste dans le 14e arrondissement de Paris : « C'est une question qu'on me pose parfois : “Les patients du Dr Dayan déambulent quand même beaucoup, non ?” Est-ce que mes patients sont particulièrement bien élevés ? En tout cas, c'est assez rare qu'ils se déplacent comme ça. Il arrive à certains d'entre eux, assez souvent, d'émettre des commentaires sur les tableaux au mur, de remarquer qu'un objet a été déplacé. L'interaction avec le cabinet se limite généralement à cela, même s'il peut arriver, en particulier quand on reçoit des enfants, qu'ils ne restent pas sagement assis sur leur chaise. Ils se promènent, se saisissent d'objets... »

Les psys parlent-ils tous autant que le Dr Dayan ?

Quand elle vient voir le Dr Dayan pour la première fois, Lydia se demande, en le taquinant, s'il est un de ses psys qui se contente de faire « hum, hum » en hochant la tête. Elle sera vite fixée. Philippe Dayan est particulièrement loquace, l'avis des praticiens interrogés est unanime. De fait, lors de la saison 1, son interprète Frédéric Pierrot avait 900 pages de texte à apprendre. La psychanalyste Annie Cohen, qui a vu la série israélienne *Be Tipul*, observe que le psy originel était « plus mutique et douloureux. Dayan est bavard parce qu'il est plus dans la vie, dans le mouvement ». Si bien qu'entre Dayan et ses patients, les consultations reposent souvent sur une dynamique d'échange verbal réciproque et ne sont que rarement des séances essentiellement dévolues à l'écoute de ce que le patient a à dire.

Sophie Aouillé : « Il est parfois un peu bavard. Depuis la diffusion de la série, il est arrivé que des patients me disent : « J'aimerais bien être chez le Dr Dayan parce que lui, il parle, et il donne des solutions.» Pourtant, je ne suis pas du tout une analyste qui se contente de faire “hum, hum” – ce genre de psy que Lydia redoute qu'il soit lors d'une de ses premières séances. Pendant très longtemps, j'ai eu une pratique en institution psychiatrique qui m'a appris à être là, présente, dans une vraie relation au patient que j'ai en face de moi. Pour résumer, je suis moi-même plutôt une analyste qui parle. »

Annie Cohen, psychanalyste dans le 13e arrondissement de Paris : « Parler beaucoup ou pas, ça dépend vraiment des patients, de la dynamique de la cure. Par exemple, ce soir, je vois trois jeunes femmes entre 22 et 28 ans. Je sais qu'avec chacune d'entre elles, je vais devoir intervenir, mais différemment. Pas beaucoup avec la première parce qu'elle déroule son propos de manière identique de séance en séance : elle raconte chaque jour de la semaine depuis notre dernier rendez-vous, et après on peut échanger. On travaille de manière très lente, très subtile. La deuxième a une problématique très grave, une histoire tragique et se méfie beaucoup des psys. Dans ce cas-là, je dois intervenir pas mal. La troisième a une histoire lourde, mais l'échange est assez équilibré, j'interviens quand je sens que ça va l'aider, que j'ai quelque chose à apporter qui peut permettre de faire avancer les choses. De mon point de vue, la série est particulièrement réussie dans la gestion des silences, qui sont placés à bon escient : ceux qui sont laissés ont du sens. »

Les psys font-ils autant d'allusions théoriques ?

Quand Ariane le pousse à bout, Philippe Dayan lui parle de la conception freudienne de « l'érotisme urétral ». À son épouse excédée, dans le cabinet de la superviseuse Esther Gaget qui les reçoit en couple, il expose de manière très docte le principe du transfert amoureux. À Lydia, plus tard, il définira ce qu'en psychiatrie on appelle la dissociation. Quant aux séances de supervision – en particulier celles de la saison 1 –, elles donnent lieu à de véritables joutes théoriques entre thérapeutes et à un festival du jargon de spécialiste. De quoi faire œuvre de pédagogie en apportant quelques clés théoriques aux téléspectateurs.

Dans la réalité d'une cure, il est rare que la pensée de Freud ou de Lacan s'invite aussi souvent dans la discussion.

Sophie Aouillé : « Il faudrait qu'il soit aussi un peu moins explicatif. Cela existe, les patients qui demandent : « Je voudrais bien savoir, je suis quoi ? » Dans ces cas-là, l'attitude juste consiste à les renvoyer à ce qu'ils mettent dans leurs questions. Et à leur expliquer que ce n'est pas très intéressant de mettre des étiquettes, que ça enferme. Dans le cas d'Ariane, par exemple, certains psychiatres diraient sans doute de manière assez définitive qu'elle est hystérique. Mais à quoi ça va servir, au fond, de lui coller ce label ? Que l'on reçoive dans un cadre hospitalier ou en privé, cela n'est pas sans intérêt de savoir si l'on se situe du côté de la psychose ou de la névrose – dans les deux cas, on ne va pas agir tout à fait de la même manière, mais ce qui compte, c'est d'écouter ce que dit le patient, et comment il le dit. »

Michaël Stora, psychiatre et psychanalyste dans le 11e arrondissement de Paris : « Il peut se passer vingt séances sans qu'il arrive quoi que ce soit. Et, soudain, à la vingt-et-unième, quelque chose se produit. Le processus analytique, c'est comme un chemin que l'on prend ensemble. La clairière où la personne tout à coup prend conscience de quelque chose, il faut y arriver. Si vous faites des interprétations, le patient les écoute, mais il ne les entend pas. Donc, ça n'a aucun sens. »

Certains patients peuvent-ils être agressifs ?

Dans *En thérapie*, les patients n'attaquent pas que le cadre de l'analyse. Le praticien lui aussi n'est pas épargné. Cas extrême, Adel Chibane en vient presque aux mains, et d'autres séances avec Damien et Léonora sont chargées d'agressivité. Lorsqu'elle le rencontre, Camille commence quant à elle par accuser Dayan de la manipuler et d'être de mèche avec sa mère. Dans la réalité, ces tensions sont, heureusement, moins fréquentes.

Emmanuel Valat, psychanalyste dans le 18e arrondissement de Paris : « Heureusement, les situations tendues que vit Philippe Dayan sont rares – à titre personnel, je dirais que j'ai à gérer une situation difficile ou chargée d'agressivité tous les trois à six mois. Lui s'en prend plein la figure, et je le trouve assez bon dans la manière dont il gère les transferts négatifs de ses patients. Il encaisse et il repart. Le transfert négatif, c'est une sorte de contraire du transfert amoureux : les patients font alors supporter tous les accidents, tous les ratés, à l'analyste. Les pires choses soulevées par la thérapie se cristallisent sur ce dernier. Au début de ma carrière, j'ai eu une patiente qui venait me consulter, s'allongeait sur le divan, mais ne supportait pas que je sois assis dans son dos, dans mon fauteuil. Elle me disait qu'elle avait peur que je la frappe – une crainte liée à son passé. C'était éprouvant pour moi, parce qu'il était nécessaire d'accueillir cette parole et d'entendre cette peur, pour la traverser, l'appréhender avec elle. »

Annie Cohen : « L'agressivité qui s'exprime dans la série est caricaturale, mais ce n'est pas grave. Ça parle du transfert qui s'opère. C'est une façon de faire comprendre que la rencontre est très importante, qu'il y a des phases dans la démarche analytique. Les scénaristes ont marqué le trait sur le fait que les patients ne veulent pas venir, au début – comme dans les films où les personnages, de prime abord, ne s'aiment pas. Puis, quelque chose se passe et tout le monde est conquis. »

Golshifteh Farahani n'échappe pas au cliché de la psy obsessionnelle de la prise de notes dans Un divan à Tunis.

Les psys peuvent-ils travailler sans notes ?

C'est l'un des enjeux du procès intenté à Philippe Dayan dans la saison 2 (voir le chapitre p. 66). Lors de sa plaidoirie, l'avocate de la veuve d'Adel Chibane accuse le psychothérapeute de n'avoir pas pris de notes. Esther Gaget qui vient témoigner à la barre, confirme que rien n'oblige un analyste à le faire. Ni elle, ni Dayan n'en prennent jamais. La seule à le faire, à sa manière, c'est Claire, la superviseuse de la saison 2. À l'issue de l'épisode 10, alors qu'elle vient d'échanger avec Dayan, elle se saisit de son dictaphone et enregistre une note vocale, où elle dresse une sorte de profil de Dayan et des problématiques qui, selon elle, l'animent – sans doute avant tout un moyen, pour les scénaristes, de s'adresser aux téléspectateurs, en leur donnant accès aux pensées de la thérapeute, et en leur fournissant *in fine* des pistes de diagnostic.

Annie Cohen :
« J'ai connu une psy qui notait tout ce que ses patients lui disaient en direct, en face-à-face. À la Société psychanalytique de Paris, on conseille plutôt de prendre les notes après la séance, notamment lorsqu'on est en supervision. Et l'on nous forme à "l'écoute flottante". Cela veut dire que l'on n'est pas obligés d'écouter, ni d'entendre chaque mot qui est prononcé.

De patiente à amante, Keira Knightley joue le rôle de la psychanalyste Sabina Spielrein dans le biopic romancé **A Dangerous Method.**

Ce qui compte, autant que le verbatim, ce sont les moments saillants lors des séances, les lapsus, les associations d'idées… Chaque mot n'est pas signifiant, même s'il faut leur être attentif. Certains patients sont blessés quand on ne se souvient pas, et si l'on sent qu'on aurait dû se rappeler, il faut le leur dire et ça redémarre. »

Michaël Stora :
« Je ne prends jamais de notes, parce que ça enlève de l'écoute, de la spontanéité. Mes patients me marquent inconsciemment. Il arrive que des choses qu'un patient m'a dites plusieurs années auparavant ressurgissent : c'est mon inconscient qui fait le travail. Quand on est en face-à-face, c'est différent, parce qu'il y a tout un langage non-verbal à analyser aussi, et un contact visuel qu'il faut soutenir. Mais il y a des patients que ça rassure que l'on consigne ce qu'ils nous disent, comme pour s'assurer qu'il restera une trace de leur témoignage… C'est très narcissique. Quand on est supervisé, on se doit en revanche de

prendre des notes. Normalement, il faut retranscrire chaque séance plus ou moins en entier, après coup. »

Emmanuel Valat :
« Au cours de ma propre analyse comme analysant, j'ai rêvé que je venais cambrioler le cabinet de mon psy pour lui voler les notes qui me concernaient. Comme si je courais après les secrets de mes secrets… Je voulais mettre la main sur le trésor de mon inconscient. Quand je suis devenu analyste à mon tour, j'ai commencé par prendre beaucoup de notes – ce que je ne fais plus du tout aujourd'hui. Sans doute que je me disais que j'allais de cette façon trouver le trésor de l'inconscient d'autrui, qu'il transparaîtrait par la magie de la transcription écrite. »

La cure analytique des patients malmène-t-elle la vie privée des thérapeutes ?

C'est criant quand il va rendre visite à Esther Gaget : Philippe Dayan est en pleine crise. Son couple bat de l'aile, il se demande, l'âge venant, ce qu'il a encore à accomplir dans sa vie, les attentats du 13-Novembre l'ont traumatisé, et il est à la peine avec certains de ses analysants… Vie privée et quotidien professionnel sont donc, de son point de vue, intimement liés dans les difficultés qu'il traverse, sans que lui-même ne parvienne vraiment à distinguer l'influence de l'une sur l'autre – et vice-versa. À Esther, il dit que sa femme jalouse ses patients « comme elle jalouserait une maîtresse ». Que ses enfants lui reprochent les moments où il se réfugie dans son cabinet, où il lui arrive même de dormir. Située cinq ans plus tard, la saison 2 le montre divorcé et parfois en charge du plus jeune de ses fils.

Souvent, pour remettre en cause plus ou moins inconsciemment le cadre de la cure, certains patients cherchent quant à eux à effacer la limite de la vie privée du psy, transgression rendue d'autant plus tentante que le cabinet du Dr Dayan est attenant à son appartement familial (voir le chapitre p. 50). Quand Ariane annonce au praticien qu'elle va se marier, elle l'informe ainsi que lui et sa femme figurent sur la liste des invités. Camille, elle, interpelle régulièrement le psychanalyste au sujet de sa fille. En retour, Dayan se livre également, de manière pas toujours contrôlée, évoquant avec certains patients son traumatisme de jeunesse – la fuite de son père avec l'une de ses patientes, la dépression de sa mère – en s'affranchissant alors franchement du cadre.

Sophie Aouillé :
« Si le Dr Dayan se laisse prendre dans son transfert avec Ariane, c'est en partie parce qu'il traverse une crise dans sa propre vie privée. Par ailleurs, la première saison se situe dans une période post-attentats qui a vraiment déstabilisé tout le monde. Les patients qui posent des questions sur votre vie personnelle, c'est très commun. Où vous partez en vacances, ce que vous aimez faire le soir, le week-end, etc. Il s'agit simplement de leur faire

Robert De Niro, mètre étalon du patient intrusif dans Mafia Blues.

entendre que ça n'apporte rien à la cure, même s'il peut de temps à autre être intéressant, dans le cadre de la cure, de pouvoir “donner” quelques éléments. Cela fait entendre au patient que l'on n'est pas des robots, que l'on existe vraiment en tant que personne, que l'on a notre propre part d'humanité. Et ça peut parfois être utile pour eux ; par exemple, quand le jeune Robin, dont les parents sont séparés, demande à Dayan comment son fils a vécu le divorce, je trouve intéressant que celui-ci accepte de lui répondre. »

Michaël Stora :
« Le thérapeute se doit d'avoir toujours cette position de recul vis-à-vis de ses propres désirs. Mais elle est étrange parce que nous sommes nous aussi humains, nous ressentons des choses. Au début de ma carrière, je venais de vivre une séparation amoureuse qui m'avait dévasté et j'ai reçu une patiente qui était en train de vivre exactement la même chose. Je me souviens m'être mordu les lèvres pour ne pas verser moi-même dans la confidence. Pour être un bon analyste, il est préférable d'avoir une vie privée épanouie. »

Grandir avec un père analyste : Alex, 39 ans, fille de psy, témoigne :

« Quand j'étais petite, j'allais très régulièrement lui rendre visite à son cabinet. Dans ma période pipi-caca, j'adorais dire à mes copines que j'allais voir mon père au cabinet ! J'ai toujours eu le sentiment que c'était un endroit très privé. C'est un petit appartement, en fait, et on y déjeunait parfois, mais jamais dans la pièce où il reçoit ses patients. Enfant, je l'ai vu de voyage en voyage se constituer sa collection de statuettes en terre cuite – c'est très freudien – qu'il a toujours aujourd'hui. Plus que le cabinet, le lieu de l'interdit, c'est le carnet de rendez-vous. D'ailleurs, je sais qu'il n'y renseigne jamais de noms, seulement des initiales. Ça participe du mystère qui entoure la profession. Je posais beaucoup de questions, et son métier alimentait beaucoup de fantasmes chez la petite fille que j'étais. La relation avec les patients, en particulier. Je me disais : "Qui sont ces gens dont il s'occupe tant ?" Je me demandais aussi d'où lui venait ce besoin d'aider les autres, et, en grandissant, j'ai fini par comprendre que ce faisant, il s'aidait aussi lui-même.

Mon père a toujours fait en sorte de ne pas être le "papa psy". C'est-à-dire qu'il a toujours veillé à ce que le travail sur moi-même, je le fasse non pas à travers lui mais par moi-même. Sans doute avait-il à cœur d'écarter tout mélange des genres sur fond de complexe œdipien. Notamment quand j'ai grandi et que, vers l'âge de 16 ans, j'ai ressenti le besoin de consulter un analyste. C'est ma mère qui m'a accompagnée. Il se trouve qu'elle est pédopsychiatre. Donc, la thérapie n'a jamais été un tabou dans la famille, ça a toujours été un outil envisageable et accessible pour aller mieux. De toute manière, je crois qu'il n'existe pas d'enfant de psy qui ne soit allé, au moins une fois dans sa vie, consulter ! Mais je me suis toujours juré de ne pas devenir psy. Pourtant, le travail de mes parents n'envahissait pas tellement la vie familiale. Ils ne débriefaient pas à la table du dîner, par exemple. Je me souviens que, parfois, il était un peu plus soucieux que d'ordinaire, et je savais que c'était lié à l'état de certains de ses patients, mais ce n'était pas un sujet de conversation, il ne s'en ouvrait pas à nous. »

Le Dr Dayan est-il cher ?

La plupart des thérapeutes le disent : le paiement est un point-clé de la thérapie. Si, dans le cabinet du Dr Dayan, cette question est à peine abordée au détour de vagues remises de chèque dans la saison 1, elle prend beaucoup plus de place dans la saison 2, où, régulièrement, une liasse de billets pliés passe de main en main, comme si les patients avaient toujours l'appoint.

> « Il faut un paiement d'une manière ou d'une autre pour que ce qu'on dit ait du poids, que la parole ait de la valeur, et comme ça on ne doit rien au thérapeute, c'est un service rendu, c'est très important que les séances soient payées », insiste **Annie Cohen**, psychanalyste formée à la Société psychanalytique de Paris, qui exerce dans le 13e arrondissement.
>
> **Michel Gribinski**, psychanalyste, membre de l'Association psychanalytique de France, en explique l'origine dans l'émission *Sans oser le demander* du 22 mars 2022 sur France Culture : « Le paiement en liquide a été théorisé par Freud parce qu'il estimait que l'argent était une matière sexuelle, et que la manipulation de l'argent, le paiement en argent, devait prendre sens de façon à ce qu'il n'y ait pas de reste à la fin d'une analyse. Que tout, y compris le paiement, ait pu être mouliné dans ce qui se passait, à l'intérieur de la séance, de transférentiel. »

Payées, mais pas n'importe comment : en espèces sonnantes et trébuchantes. Pour le bien de la cure… mais aussi des finances de l'analyste.

> « Évidemment que l'argent payé en espèces va dans le sens de ce qui peut intéresser l'analyste pour ne pas déclarer cet argent, c'est clair, continue **Michel Gribinski**. C'est un problème qui n'a toujours pas été résolu (qui est le problème de l'État). Et qui est resté en l'état, sans avoir jamais vraiment évolué. Il n'y a pas eu véritablement de compte rendu de cure analytique qui aurait été honorée par chèque, par exemple. Ou qui aurait été gratuite. Je pense que ça doit fonctionner, mais on n'a pas de matériel clinique suffisant pour voir ce qui ne fonctionnerait pas éventuellement, ou pour voir en quoi ça continue de fonctionner. »

En France notamment, certaines thérapies sont gratuites : par exemple, les centres médico-psychologiques (CMP) proposent des soins pris en charge intégralement par l'Assurance maladie. Les équipes de ces établissements de proximité regroupent aussi bien des soignants (médecins psychiatres, psychologues cliniciens, infirmiers, orthophonistes, psychomotriciens...) que des travailleurs sociaux (assistants de service social, éducateurs…).

> « Dans une pratique de cabinet, lorsque nous recevons des personnes pour une analyse ou pour une thérapie, il est important qu'elles payent. Mais il y a plusieurs façons de payer : on peut payer en monnaie sonnante et trébuchante, mais on peut aussi payer de sa personne en s'engageant dans ce qu'on dit, ou en s'engageant à venir tant de fois par semaine ou pendant un temps déterminé. Par ailleurs, la cure peut nous éclairer sur les rapports, imaginaires ou symboliques,

à cet objet particulier qu'est l'argent », estime **Corinne Tyszler**, pédopsychiatre et psychanalyste.

Michel Bruno est psychologue clinicien, psychanalyste, au Centre psycho-médical et social (CPMS) Paris Grande Couronne, financé par la fondation l'Élan Retrouvé et entièrement gratuit.
« On propose aux patients de donner une somme qui leur paraît juste en fonction des moyens et possibilités (de 1 euro à ce qu'ils veulent), et ils reçoivent une attestation de don à l'association. Il y a beaucoup d'artistes qui payent en donnant un tableau, ou des sculptures, un produit de leur travail. Les gens qui ont des difficultés financières sont fiers d'amener quelque chose. Le fait de payer, c'est une restauration narcissique, cela restaure un amour-propre. Cela permet au patient de "payer sa dette" et donc de ne pas se retrouver "devoir quelque chose". »

Un prix variable

En cabinet libéral, le sujet du paiement intervient généralement à la première ou la deuxième séance. La première séance peut être gratuite, mais ce n'est pas une obligation et cela dépend du praticien. Le thérapeute donne son tarif, qui peut faire l'objet d'une discussion.

« Le code de déontologie des psychologues est très précis là-dessus. Le psychologue libéral fixe librement ses honoraires, mais il est tenu d'en informer ses patients lors du premier entretien. Il y a un consensus autour d'un certain tarif, tout le monde s'entend à ce qu'une séance coûte une certaine somme à quelques euros près, explique **Françoise Hirsch**, psychologue et psychothérapeute à Toulouse. Ce tarif est aujourd'hui d'environ 80 euros la séance à Paris, 55-60 euros dans les grandes villes.

Le Dr Dayan pratique la gratuité de la première séance et dit toujours « on verra la prochaine fois » lorsqu'il s'agit de payer. Lorsqu'il demande à son patient a priori le plus riche, Alain Abgrall : « 80 euros, ça vous va ? », celui-ci répond : « C'est pas cher ! » En effet, pour un grand patron comme lui, la somme peut paraître dérisoire. Ce n'est pas le cas pour une autre patiente, Lydia, qui est étudiante, et à qui il propose 50 euros. Des tarifs différenciés qui sont souvent pratiqués par les psychothérapeutes, même si ce n'est pas une règle.

« Je travaille en demandant toujours à la personne de m'indiquer ce qui lui est possible de régler par rapport à ses moyens. Ça laisse aussi la responsabilité à la personne de déterminer la somme. Et puis, ce n'est pas figé. Ça va évoluer quand il y a un peu "tromperie" de la part du patient, parce que ça peut arriver. On se prête un peu à ce jeu-là, on va travailler aussi cette question dans la cure avec le patient, explique **Julie Mortimore Billouin**, psychanalyste

> à Paris. Le rapport à l'argent est une excellente chose à examiner lors d'une psychothérapie ou d'une psychanalyse, il ne faut pas passer à côté, c'est très riche car ce rapport a des incidences dans la vie qu'on ne soupçonne pas. »

Mais, dans ce cas, un patient aussi riche qu'Alain Abgrall ne devrait-il pas payer beaucoup plus ? Cela revient d'ailleurs régulièrement dans la discussion, le patron tentant de « dédommager » le Dr Dayan lorsqu'il passe des appels au moment de la séance.

> **Joël Pacoret**, psychologue et psychanalyste dans le 11e arrondissement de Paris : « Je trouve qu'il y a là quelque chose de sensé : à Alain, il ne prend "que" 80 euros, il pourrait prendre 200 ou 300, il les payerait, mais c'est Dayan qui perdrait sa liberté et son éthique. Ça soutient la notion symbolique du paiement. Ce n'est pas seulement l'argent que ça représente, ça veut dire "vous ne m'achèterez pas pour plus cher", je trouve ça très éthique. Que signifierait le fait de donner plus ? Que le travail avec lui vaudrait plus qu'avec un autre ? Que le psy vaut plus que ce qu'il pense ? Ou que le patient veut avoir plus ? Ce n'est pas complètement neutre... »

Dans le cas de Robin, la question du paiement prend une autre tournure : Dayan lui demande de signifier son implication non sous forme d'argent mais par un objet. « Aujourd'hui, c'est toi mon patient, d'ailleurs c'est toi qui vas me rémunérer, lui explique-t-il lors de leur première séance. Tu peux me payer avec ce que tu veux, un dessin, un objet, l'important c'est que ça ait de la valeur à tes yeux et que ça te coûte un petit peu. » C'est une façon pour le psy de différencier Robin et ses parents, qui ont été auparavant des patients du Dr Dayan. D'abord surpris, Robin se prêtera au jeu, remettant dès la séance suivante un soldat en plomb, un archer, un jouet qui lui rappelle des bons souvenirs de son enfance et de son meilleur ami, mais aujourd'hui rangé dans une boîte. Le Dr Dayan l'utilise d'ailleurs pour engager la conversation sur l'entrée au collège de Robin, qui s'y sent décalé, « bizarre ».

Le psy le range dans une boîte, pleine d'autres objets d'enfants (jouets, peluches, dessins…), ce qui semble indiquer que ce n'est pas le premier patient avec lequel il utilise cette pratique.

Il s'agit d'un clin d'œil direct à Françoise Dolto, la célèbre pédiatre et psychanalyste, qui avait mis en place ce « paiement symbolique » lors de ses consultations à l'hôpital : elle demandait aux enfants d'apporter un objet, un caillou, un dessin, une petite pièce, pour symboliser leur implication dans les séances, et les rangeait dans un coffre, pour montrer la valeur qu'elle y accordait.
Reste une inconnue : qui paye cette séance ? Car pour Françoise Dolto, comme pour les praticiens à l'hôpital ou en CMPP, ni le patient ni ses parents ne paient les séances, qui sont prises en charge par la collectivité. Ici, soit le Dr Dayan a vraiment fait sept séances avec Robin sans être payé autrement qu'en soldats de plomb, ce qui paraît

improbable. Soit il se fait discrètement payer par les parents, ce qui reviendrait à dissimuler au collégien une donnée cruciale, risquant d'altérer sa confiance.

> **Laelia Benoit**, pédopsychiatre : « C'est supposer qu'un enfant ne peut pas faire confiance à quelqu'un qui est payé par ses parents. Or ce n'est pas le cas, il est possible d'établir une vraie confidentialité tout en étant payé par les parents. Et l'attitude du Dr Dayan n'est pas réaliste : les psys qui reçoivent des enfants ne travaillent pas gratuitement. On ne sait donc jamais au fil de la série si le Dr Dayan a menti à Robin ou si le scénario est irréaliste. »

À moins que Dayan ne se soit piégé lui-même. À la fin de la première séance, alors que la mère commence à faire un chèque, Robin l'interrompt : « Tu payes pas, il a dit que c'était moi qui payais avec ce que je veux. » Dayan, l'air surpris par l'intervention de l'ado, ne peut qu'acquiescer : « On s'est mis d'accord. »

> « Dayan est surpris, mais il s'est engagé et il respecte son engagement », analyse **Véronique Barfety-Servignat**.

Car l'acte de payer, en lui-même, peut receler des gestes inconscients, que le thérapeute pourra alors interpréter avec son patient.

En premier lieu, le règlement des séances manquées : souvent, les analystes exigent leur paiement lorsque le patient rate une séance, soit sans prévenir, soit avec une excuse trop légère. Dans son texte *Sur l'engagement du traitement*, paru en 1913, Freud déclare : « Chaque patient se voit attribuer une certaine heure dans les disponibilités de ma journée de travail ; cette heure est la sienne, il en est redevable, même s'il ne l'utilise pas », estimant que « quand la pratique est plus souple, les annulations occasionnelles sont si fréquentes que le médecin voit son existence matérielle mise en danger. Quand on respecte cette disposition, il s'avère par contre que les empêchements fortuits ne se présentent plus. » Plusieurs raisons poussent le praticien à pratiquer cette discipline : d'une part, ne pas donner de pouvoir de nuisance au patient, qui en ne se présentant pas provoque forcément un manque à gagner, mais aussi pour lui éviter de culpabiliser s'il a, par exemple, oublié une séance (peut-être guidé par son inconscient), et l'inciter à continuer sa thérapie en travaillant éventuellement sur cet acte manqué.

Plus subtilement, le paiement peut lui aussi faire apparaître des motivations inconscientes, des actes manqués. Ils seront alors un support de discussion pour le thérapeute.

Freud dès le départ. C'est-à-dire qu'il y a cet engagement-là, avec le fait de payer en liquide, qui est immédiat, ce n'est pas une lubie de psychanalyste. Même si le paiement par chèque est possible, il était ici clairement utilisé pour différer le règlement, soit la perte. Or, c'est exactement ce dont il s'agit ici aussi : le rapport à la perte, y compris par le règlement des séances. C'est la dimension symbolique du règlement qui compte et ce, peu importe le montant. Rien ne se règle si cela ne coûte pas quelque chose. »

Julie Mortimore Billouin, psychanalyste à Paris :
« J'ai eu un exemple d'une patiente qui réglait en chèque. Elle avait des difficultés financières et demandait que le chèque soit encaissé plus tard. En fait, elle ne voulait pas faire la démarche d'amener de l'argent en liquide, elle le refusait véritablement, car le fait que cela sorte directement du compte bancaire lui semblait plus réel, plus concret. Le chèque est parfois utilisé pour ne pas y aller "pour de vrai". Je trouve que ça valide ce qu'avait amené

Joël Pacoret, psychologue et psychanalyste dans le 11e arrondissement de Paris :
« J'ai une patiente qui me payait toutes les deux séances et je me suis aperçu en faisant ma comptabilité qu'elle m'avait donné nettement plus que ce qui était prévu : deux ou trois séances de plus sur la période. On avait travaillé sur le fait que sa mère n'arrivait jamais à rembourser ses dettes. Elle avait mis plus pour que je me rende compte qu'elle n'était pas comme sa mère. Je ne m'en suis rendu compte qu'après coup. »

Des séances remboursées ? La zone de flou

Dans la série, la question du paiement garde, à bien des égards, des zones de flou. Dayan propose par exemple de faire des feuilles de soins à Lydia, mais ce n'est pas systématique.

En effet, en tant que psychiatre, et donc médecin, le Dr Philippe Dayan a la possibilité de faire des feuilles de soins à ses patients, qui peuvent ainsi être en partie remboursés par l'Assurance maladie. Il est par ailleurs autorisé à pratiquer des dépassements d'honoraires. Leur remboursement dépend alors de la mutuelle du patient et peut aller jusqu'à l'intégralité des honoraires. Ce n'est pas le cas des psychologues, dont les séances ne sont pas remboursées, sauf pour deux exceptions : lorsque la consultation a lieu dans le cadre du parcours de soins coordonnés et que le psychologue exerce dans un hôpital ou dans un centre médico-psychologique (CMP), ou, depuis le mois d'avril 2022, dans le cadre du dispositif « MonPsy ». Celui-ci permet de bénéficier du remboursement de huit séances d'accompagnement psychologique par an, les honoraires des praticiens étant fixés à 30 euros par séance (40 euros pour l'entretien d'évaluation de la première séance) et remboursés à 60 % par l'Assurance maladie. Son fonctionnement est cependant largement décrié par la profession.

À quoi ça ressemble, un cabinet de psy ?

« Chez moi, c'est douillet, c'est plein de gravures anciennes, de globes, de sextants, ça clame à pleine voix qu'on y cherche des repères, dans le goût et la beauté. Chez moi, ça raconte à quel point je suis snob et combien j'ai envie de plaire, c'est pas ce que tu penses de moi ? »
C'est ainsi que Philippe Dayan décrit non pas son appartement, mais son cabinet, lors d'un échange chargé d'agressivité avec sa superviseuse Esther, lors de la saison 1.
Une phrase qui fait autant ressortir la question de ce lieu (qui est à la fois « chez lui » et son cabinet) que celle de son aménagement. Aménagement qu'il a réalisé lui-même, comme il le confie à sa patiente Lydia qui l'interpelle lors de sa première séance : « Je trouve ça vraiment pas mal chez vous, vous avez décoré ça tout seul ? »

Un cabinet à domicile

On est effectivement chez lui, dans le logement familial des Dayan. Dans la première saison, il s'agit d'un appartement parisien, du 20e arrondissement, rue Dupont-de-l'Eure, identifiable par quelques boutiques aperçues de la fenêtre, le coiffeur Cap V'hair ou le café Aux Petits Oignons. Le Dr Dayan vit ici avec sa femme et ses deux plus jeunes enfants, l'aîné faisant ses études à l'étranger. Le cabinet occupe une grande pièce de l'appartement, l'entrée permet de faire un sas par rapport à la partie habitation. On sait que le cabinet a ses propres toilettes et que la cuisine n'est pas loin.
Avoir son cabinet chez soi est une pratique assez répandue, et pas toujours par choix : dans certaines villes, les loyers sont chers, et il est plus simple pour un psychothérapeute d'aménager une pièce plutôt que de louer un deuxième endroit.

Annie Cohen, psychanalyste dans le 13e arrondissement de Paris, fait les deux. Elle loue des bureaux en fin de journée et reçoit chez elle une matinée par semaine : « Dans mon salon, j'ai mis un paravent devant la télé. Les fauteuils, qui d'habitude sont côte à côte, sont face-à-face. Je ferme les portes, et c'est tout. J'ai fait exprès de ne pas avoir d'objets personnels dans cette pièce, ma vie est de l'autre côté de la porte. Après, c'est une question de moyens financiers. Les psychiatres, souvent, ont les moyens d'avoir un cabinet à part. Les psychologues qui sont en cabinet partagé ont leur bureau, mais d'autres pièces sont occupées par des collègues psy. »

Emmanuel Valat, psychanalyste, conseiller au scénario sur la saison 1 :
« La plupart des psys travaillent chez eux, je dirais. Comme Freud ! Si l'on ne travaille pas chez soi, il y a quand même quelque chose de l'ordre de l'intimité personnelle qui se joue, dans un cabinet. Et c'est important, parce que le lieu même de la psychanalyse, c'est ça : l'intimité, et ce qu'il y a de plus privé, de plus douloureux, chez l'être humain. »

« Avoir son cabinet chez soi ne va pas sans interférences, pointe **Corinne Tyszler**, pédopsychiatre, qui, quant à elle, ne le fait pas. Même si l'on sait comment aménager la partie professionnelle et la séparer de la partie privée, ce n'est pas sans conséquences, pour les patients d'une part, qui ne sont pas sans interroger le cadre, mais surtout pour les enfants des psys, qui, immanquablement, rouspètent, devant faire le moins de bruit possible pour ne pas "gêner" le travail de leurs parents. Il faut ajouter qu'en région parisienne, où les loyers sont très élevés, certains analystes ne peuvent faire autrement. Chaque praticien aménage au mieux, en fonction des difficultés qu'il peut rencontrer. »

La situation est d'ailleurs tendue sur ce sujet chez les Dayan, renforçant un reproche lancinant : le thérapeute s'occuperait plus de ses patients que de sa famille : « Tu sais comment on en parle de cette pièce, avec

Le bureau de Sigmund Freud dans sa maison de Londres, dernière demeure du fondateur de la psychanalyse.

les enfants ? La grotte », lui lance un jour sa femme.

Avoir son cabinet au domicile laisse aussi la vie quotidienne du praticien se faufiler dans son activité. C'est la femme de ménage qui interrompt une séance car elle n'a pas été payée. Ou des objets personnels, ou appartenant aux enfants, qui traînent là, offrant au patient une prise pour interpeller Dayan sur sa vie privée (la Ventoline de sa fille dans la saison 1 ou la trottinette de son fils dans la saison 2).

Une décoration chargée

Une fois la pièce choisie, reste à l'aménager pour en faire un cabinet, avec toutes les contraintes ou spécificités selon qu'on est dans son espace ou dans un établissement de santé, CMP ou hôpital, où il s'agit davantage de bureaux, plus difficiles à personnaliser.

Françoise Hirsch, psychologue clinicienne à Toulouse :
« L'aménagement du cabinet a une importance indéniable, on y

passe beaucoup de temps. Il n'y a pas de règle, a priori il faut que ce soit un cadre agréable, qui incite les patients à se livrer, on ne va pas les mettre sur un tabouret en bois ou dans une pièce où il fait trop froid. »

Emmanuel Valat :
« Il faut avant tout y être bien. Moi j'ai des amis photographes, donc, il y a des photos qui tournent. Des patients me demandent d'ailleurs s'ils sont la raison de cette expo "tournante". Il ne faut pas choquer. Ne pas surcharger. J'ai fait le choix de mettre assez peu de livres, pour ne pas que ce soit écrasant. Un lieu où l'on vient régulièrement une fois par semaine, l'œil apprend à y voir des choses nouvelles. »

Laelia Benoit, pédopsychiatre :
« Ça doit être un cadre confortable, il faut rendre l'espace accueillant, ce sont des règles d'architecture d'intérieur basiques. L'enjeu est aussi de se présenter à travers son espace. De parler de son rapport aux objets et au vide. La bibliothèque est une sorte de CV du psy, en exposant les livres qui l'intéressent. Certains décors sont symboliques : les psys collectionneurs qui accumulent les petits objets, les tapis, voire l'art africain, se réfèrent ainsi indirectement au bureau de Freud lui-même. Un décor minimaliste avec un bouddha dans un coin peut signifier que le psy s'intéresse à la méditation. »

Julie Mortimore Billouin,
psychothérapeute et psychanalyste à Paris : « C'est un peu la personnalité du clinicien qui va s'exprimer dans la décoration. Je pense que ça joue dans le ressenti du patient. C'est important de recevoir quelqu'un dans un univers qui est soigné, propre. Dans ma bibliothèque, certains livres sont disposés avec leur couverture visible, souvent parce que je n'ai plus trop de place, et parfois, certains mots qui apparaissent peuvent être vus par le psychanalysant. Ce n'est pas délibéré, mais ça peut résonner pour certains. »

Le cabinet du Dr Dayan n'est ni neutre, ni épuré. On y est frappé par l'abondance de livres, disposés dans plusieurs bibliothèques ou étagères, dont une grande derrière le divan, mais aussi parfois juste empilés sur un guéridon, dans un désordre apparent. La bibliothèque interpelle souvent les patients. « Les livres, vous les avez tous lus ou c'est juste pour faire genre ? » demande ainsi Camille lors de leur première séance. Car le cabinet de Dayan est assez grand pour permettre aux patients d'y déambuler, ce qu'ils font beaucoup dans la série, sans doute plus que dans la réalité. Les grandes fenêtres laissent entrer le jour et offrent aussi un point de vue sur l'extérieur. De nombreuses lampes permettent d'éclairer la pièce quand la luminosité extérieure baisse, rendant l'ambiance plus feutrée. Aux murs, de nombreuses photos et gravures – Camille réagit ainsi à l'une des images, représentant un cosmonaute (« Cette photo fout le vertige ») – et un grand miroir au-dessus de la cheminée. Des objets et bibelots sont posés sur les meubles ou sur la cheminée, provoquant parfois des réactions. Lydia se saisit d'un vieil appareil photo (« Je suis sûre que vous l'avez mis là pour faire genre »), Robin s'empare d'une toupie (voir le chapitre p. 140).

> **Françoise Hirsch**, psychologue à Toulouse :
> « Les patients se saisissent toujours d'une chose qui, de manière fantasmatique, leur permet de se rapprocher de nous, permet une espèce d'intrusion. Dès qu'ils peuvent prendre quelque chose qui nous appartient, ils le font. Il n'y a pas une semaine sans qu'un patient ne s'empare d'un objet sur mon bureau, en me faisant une réflexion. Ça ne me dérange absolument pas, c'est intéressant à observer et à intégrer au temps thérapeutique, ce n'est jamais neutre. »

En arrière-plan, le bureau de Dayan, un bureau transparent, encombré de papiers. Pendant la séance, il s'assied dans l'un de ses deux fauteuils, à côté d'une table basse : l'un est en cuir, confortable, pour les rendez-vous en face-à-face, et l'autre, plus droit, à côté du divan quand le patient s'allonge.

> **Véronique Barfety-Servignat**, psychologue clinicienne à Lille :
> « Quand le patient entre dans le cabinet, et notamment la première fois, le choix de la place où il s'installe, et comment, c'est très intéressant. Parfois, il peut s'installer dans notre fauteuil, alors qu'il n'y a pas de doute possible. À ce moment-là il se passe quelque chose, c'est un acte manqué. »

Adel, le patient policier, décrypte à sa manière cette décoration : « Vous préféreriez que le monde extérieur reste à la porte. Je vois ça avec votre petite déco hors du temps. C'est un peu comme une bulle ce que vous avez fait ici. C'est bien d'ailleurs, c'est cosy. Mais c'est une illusion, le monde, il ne va pas rester sagement à la porte. »

Un vieux divan attachant

Au milieu du cabinet, en majesté sur un grand tapis, le divan. En l'occurrence, un grand canapé trois places, en velours rouille, aux accoudoirs bas, où les patients peuvent s'asseoir ou s'allonger – ils ont le droit à un petit coussin supplémentaire pour leur tête dans ce cas. C'est loin d'être le seul modèle possible, et, s'il n'existe pas de catalogue de divans spécial psy, le choix de cet objet central dans la pratique et son histoire depuis Freud est capital pour un psychanalyste qui s'installe.

> **Julie Mortimore Billouin**, psychanalyste à Paris :
> « J'ai vu plusieurs modèles de divans chez les psychanalystes : certains permettent d'être complètement allongé, parfois ce sont des lits avec un coussin pour la tête ; il y en a d'autres semi-allongés, comme des méridiennes, c'est le cas dans mon cabinet. On est souvent influencé par l'expérience de notre propre psychanalyse. Il n'y a pas d'objet idéal, l'important étant que le divan facilite la libre association par

> la détente offerte par la position allongée et l'absence du regard du psychanalyste. »

Et, du coup, une fois le divan trouvé, on s'y attache : celui du Dr Dayan a visiblement quelques heures de vol, les couleurs sont défraîchies, mais il n'en changerait pour rien au monde.

Ainsi, quand, dans la saison 1, le canapé se trouve tâché de sang, après la fausse couche de Léonora (voir le chapitre p. 116), Dayan semble bouleversé et appelle sa femme à l'aide pour le nettoyer avant son prochain rendez-vous :
« Je ne peux pas recevoir mes patients comme ça !
— Tu pourrais en profiter pour le changer, le canapé, suggère-t-elle alors.
— Ah non, répond-t-il, les patients sont très sensibles au changement.
— C'est toi qui es très sensible au changement », lui rétorque-t-elle, dépitée.

Un cadre discrètement mouvant

Il est vrai que, quand Dayan déménage, dans la saison 2, au Pré-Saint-Gervais, une commune limitrophe du Nord-Est parisien, il n'en profite pas pour changer de canapé. Son nouveau cabinet est toujours à son domicile, cette fois-ci un petit pavillon de banlieue dans une rue calme, avec un jardinet côté rue. La disposition de la pièce est restée la même, même si la cheminée, qui était auparavant sur un mur derrière le canapé, est désormais dans l'angle. On y retrouve des photos et des gravures aux murs, mais ce ne sont pas les mêmes, toujours des livres en abondance, le grand miroir, cependant le tapis sous le canapé a changé, tout comme la table basse.

> **Julie Mortimore Billouin** :
> « Il a déjà changé de lieu, ce qui n'est pas évident pour les patients, donc ça me paraît assez crédible de garder la même disposition dans son nouveau bureau. Changer ne serait pas forcément dramatique, mais c'est quand même un point de repère qui est important pour les patients, de retrouver un cadre précis où il n'y a pas de changements brutaux du jour au lendemain. »

Une brutalité qui n'est pas du genre de Dayan : à sa femme qui lui reprochait de ne rien vouloir bouger dans son cabinet, il répondait dans la saison 1 : « Je change de temps en temps : regarde, l'été dernier j'ai inversé deux gravures. »

Qui sont les superviseurs ?

Chaque semaine que l'on vit au rythme de Philippe Dayan se clôt par une mise en perspective de sa pratique : au cours de la saison 1, dans ses séances avec Esther (incarnée par Carole Bouquet), lors de la saison 2, dans celles avec Claire (Charlotte Gainsbourg) et au travers de son procès, intenté par la famille d'Adel Chibane. À chaque fois, les circonstances de ces rencontres sont pourtant exceptionnelles, pour Dayan. Quand il retourne voir Esther Gaget qu'il n'a pas revue depuis des années, c'est parce qu'il est empêtré dans ses sentiments pour Ariane et confronté à des problèmes conjugaux. De même, il décide de prendre rendez-vous avec Claire pour, dit-il, « gagner des points » dans le cadre de son procès. Le recours à la supervision (appelée aussi « contrôle » chez les lacaniens) n'est donc pas une pratique habituelle pour Dayan. De fait, elle n'est pas obligatoire, mais elle est souvent recommandée. « Il faut vraiment voir la supervision comme un outil de formation », estime Véronique Barfety-Servignat, psychologue clinicienne à Lille.

Les psys interrogés dans le cadre de cet ouvrage ont, à de nombreuses reprises, salué la vraisemblance du travail de thérapeute du Dr Dayan. Sauf justement sur un point : la supervision.

> « La supervision, c'est à mon sens le point raté de la série, estime **Michel Bruno**, psychologue et psychanalyste. Ça ne se passe pas du tout comme ça. Si le psy est en analyse, il est allongé, et son analyste est silencieux ; il peut parler de lui, de ses patients. Il est analyste mais il est humain, ce mélange entre lui et le patient est à l'œuvre. La supervision se fait en face-à-face, et on ne parle que de ses patients. Je fais partie de la Société de psychanalyse freudienne : nous avons un groupe de supervision une fois par mois, où l'on parle chacun son tour des questions cliniques auxquelles on est confrontés. Nous avons aussi une supervision individuelle, une fois par mois, où je parle de mes patients en face-à-face avec un confrère. Ce n'est pas comme dans la série, où on a le sentiment d'un affrontement au travers d'un substrat théorique de deux personnalités… Une supervision n'est pas un affrontement, mais un travail à deux voix : l'un parle, l'autre écoute, et éventuellement fait quelques observations, qui peuvent permettre à celui qui parle de préciser sa pensée. »

Les rencontres de Dayan, d'abord avec Esther, puis avec Claire, entretiennent le même flou : ce n'est ni vraiment de la supervision, ni vraiment de l'analyse. Et ce n'est pas cette conversation dans la première séance avec Esther qui aidera le spectateur : « Tu étais en analyse avec moi pendant dix ans », dit Esther, ce à quoi Dayan répond : « En contrôle ! » Et Esther de rétorquer : « Ah oui, énorme différence. » On apprendra dans la saison 2 que Dayan n'a jamais réglé aucune séance à Esther… Ce qui est pourtant une des bases du cadre analytique.

> **Françoise Hirsch**, psychologue clinicienne :
> « Dans la série, on voit aussi d'ailleurs comment il se sert du contrôle pour faire un peu des séances qui sont personnelles alors que, normalement, ce n'est pas si confondu que ça. Normalement, une supervision ou un contrôle, c'est fait pour parler d'un cas avec un patient, d'une difficulté professionnelle. Ce n'est pas censé se transformer en une séance de psychanalyse pour le thérapeute, c'est deux choses qui sont un peu distinctes. Le fait qu'elle propose à la fin qu'il vienne s'allonger, c'est bien fait parce que c'est ça dont il a besoin, et probablement que s'il était sur le divan, il n'y aurait pas eu ce dérapage. »

> **Corinne Tyszler**, pédopsychiatre, responsable de CMP dans le Val-d'Oise, psychanalyste :
> « On doit se garder de nos propres projections. Si, par exemple, le dire du patient fait soudainement écho dans notre propre histoire, il est très important de faire la différence

entre ce que nous avons pu vivre et ce qu'en relate le patient avec sa narration propre. La lecture qu'en donnera ce dernier n'est pas forcément celle que nous-même avons pu faire dans notre propre analyse, et elle n'aura pas le même poids de vérité. Il y a une imbrication de nos analyses propres avec le contrôle, les deux saisons l'illustrent à leur manière. »

Marie-Laure Susini, psychiatre et psychanalyste dans le 3e arrondissement de Paris :
« Très souvent, le contrôle se fait auprès de celui qui a été l'analyste. Ce qui fait que, quand même, il y a un côté plus simple dans la mesure où s'il faut reprendre quelque chose de l'analyse, ça va très vite, on s'entend à demi-mots. »

Hélène Elkaim, psychologue clinicienne et psychanalyste :
« En tant que superviseur, on peut réinterroger l'analyste sur son vécu à lui, mais on n'est jamais le super-analyste de celui qu'on supervise. Le superviseur peut être un appui si on n'a pas d'analyste. Je pense que le personnage de Dayan devrait reprendre une tranche d'analyse. Mais plutôt avec quelqu'un d'autre qu'Esther. Ceci dit, ça arrive : j'ai un collègue qui était en supervision, et qui a repris une tranche avec la personne qui le supervisait. »

Dans l'idéal, donc, le psy a mené à son terme son propre travail d'analyse, qu'il n'hésite pas à reprendre s'il sent que c'est nécessaire, et, d'autre part, consulte régulièrement un confrère ou une consœur au sujet de ses patients. Dayan, lui, consulte seulement quand il se retrouve en situation de crise, et se tourne d'abord vers Esther Gaget, qui a été sa prof. Elle lui en fait le reproche, d'ailleurs – « Tu n'as pas de contrôleur » – estimant que c'est un vrai manquement de sa part.

« Quand on commence sa pratique, on peut voir un superviseur et parler avec lui d'un seul patient, semaine par semaine », explique **Hélène Elkaim**. « Il n'y a pas tellement de règles en terme de régularité,

de fréquence, estime de son côté Emmanuel Valat, psychanalyste, conseiller des scénaristes de la saison 1, membre de l'association Corpo Freudiano. Il est fortement conseillé, quand on débute, d'avoir un superviseur. Moi j'ai arrêté avec le Covid. De toute façon, les psys se débrouillent pour voir des collègues dans d'autres cadres que celui de la supervision. Via des séminaires, des réunions d'écoles et de cercles analytiques. »

Pour **Corinne Tyszler**, la supervision est un regard très important, qui permet de mieux traiter les patients : « Avant tout, je dirais que la pratique analytique engage le praticien à rendre compte de son travail auprès d'un superviseur qu'il choisit. Si l'analyse est une forme de huis clos entre le patient et l'analyste, la pratique doit rester vivante et faire l'objet d'un questionnement qui à mon sens ne s'arrête jamais. Nous pouvons nous-mêmes au bout d'un certain temps d'écoute ne plus entendre, ne plus déceler l'insu et nous cantonner à une lecture devenue ritournelle. Aller parler à quelqu'un d'une cure qui piétine, d'un point de butée qui est souvent le nôtre (la résistance est souvent du côté de l'analyste disait Lacan) est non seulement essentiel, mais permet la plupart du temps de nous décaler dans notre abord. Un superviseur par son écoute et son regard autres permet l'ouverture de pistes de travail inusitées, déconstruit l'engluement imaginaire dans lequel nous pouvons nous embourber. Une séance de supervision peut ainsi être une relance du désir de l'analyste vis-à-vis de l'inconscient de ses patients, et donner un nouveau souffle au travail. Ce peut être aussi une mise en garde avec des patients difficiles de ne pas s'aventurer dans des directions qui pourraient aggraver leur cas. C'est très précieux. »

Qui, alors, est le mieux à même de jouer ce rôle ? Dans la saison 1, avec Esther Gaget, on comprend tout de suite qu'avec Dayan ils ont un passé compliqué. Dayan a été très proche de Gaétan, psychanalyste qui fut le compagnon d'Esther. « Une affaire filiale », reconnaît-il. Mais, fâché depuis plusieurs années avec son confrère, il n'est pas allé à son enterrement.

« On ne va pas voir son vieux copain pour être superviseur, on va voir quelqu'un qui va nous mettre en travail, pas quelqu'un avec qui on a eu des enjeux de séduction ou de rivalité », estime **Véronique Barfety-Servignat**, qui partage sa propre expérience : « Mon premier superviseur, je m'étais dit, c'est pas très grave, c'était la copine d'une copine : je suis restée trois fois et je suis partie assez fâchée. Après, j'ai trouvé une fille formidable avec qui je suis restée des années, qui était lacanienne (alors que je ne suis pas du tout lacanienne). C'est un choix de personne. Le troisième avait été le superviseur de gens que je connais bien, dont j'apprécie le travail. On ne choisit pas forcément son superviseur dans son école, mais dans le même champ référentiel : le mien est la psychanalyse, et je ne pourrais pas superviser quelqu'un qui est comportementaliste, par exemple. »

« Moi c'est un peu la même chose, ajoute **Françoise Hirsch**. J'ai choisi des psychanalystes dont je connaissais le travail. Je me suis cassé les dents sur l'un d'entre eux avec qui je ne me suis pas du tout entendue et je suis partie. Le troisième a été le bon. Un psychanalyste dont j'avais entendu parler, dont je connaissais les travaux. On essaie de se rapprocher de personnes dont on connaît le parcours professionnel, dont on se sent proche des travaux. »

Dans la saison 2, Dayan choisit d'aller voir Claire pour des raisons peu liées à sa thérapie : elle lui a, certes, été recommandée par un confrère, mais sa cote médiatique en fait une psy idéale à citer dans le cadre de son procès (où c'est finalement l'intervention d'Esther qui sera déterminante). « Si je me lançais dans une supervision, ce serait avec quelqu'un qui souhaiterait vraiment travailler, pas par prescription, et de surcroît avec moi, pas mon nom », lui répond d'ailleurs Claire lors de leur première séance. Le fait qu'il la choisisse plus jeune que lui peut aussi paraître étonnant, dans la mesure où la supervision se réfère aussi à l'expérience du superviseur.

Charles Nawawi, psychanalyste dans le 10e arrondissement de Paris, membre de l'École de psychanalyse Sigmund Freud :
« La saison 1 donnait l'impression qu'il avait un passif, une histoire chargée avec sa superviseuse. J'avoue même m'être demandé s'il n'avait pas, à un moment de sa vie, ressenti du désir pour cette femme (voire s'il n'avait pas été son amant). Donc, je trouve plutôt intéressant le parti pris radicalement différent en saison 2, de l'adresser à cette femme, plus jeune que lui, qui ne le connaît pas et réciproquement. Ça le décale, ça lui offre la possibilité de se renouveler ».

L'évolution de la relation de Dayan avec Claire pose de nombreuses questions : il commence par la prendre un peu de haut et essaie de la mettre dans une situation inconfortable. Elle-même tente de recadrer les choses, puis se livre, divulguant sa situation personnelle. Pour finalement lancer Dayan dans un travail d'analyse très important : évoquer le décès de son patient, Adel Chibane, l'amène à reparler du suicide de sa propre mère. Dayan en veut à son père, lui-même médecin parti du foyer avec une de ses patientes, de ne pas avoir été là un soir de réveillon où sa mère, bipolaire, a tenté de se suicider. Mais Claire se rend compte d'une incohérence dans les événements : sa mère était déjà dépressive avant le départ de son père. Dayan interroge donc Rebecca, son amour d'enfance qu'il a recroisée par hasard, et découvre que son père était bien à la maison le soir où sa mère a fait cette tentative de suicide, et que c'est même lui qui l'a trouvée. Une vraie dissonance avec les souvenirs de Dayan et l'image qu'il a de son père, qui le bouleverse et modifie soudain complètement sa façon d'envisager sa relation avec son père. Une vraie surprise, aussi, qu'après des années d'analyse il puisse encore découvrir des éléments totalement occultés dans ses souvenirs.

Une situation trop invraisemblable, pour **Véronique Barfety-Servignat** :
« Quand il arrive chez son superviseur, cinq ans après la supervision d'avant, avec le procès, ce n'est pas possible qu'il n'ait pas travaillé la question de la mort de Chibane. Ça, c'est un problème. Ce qui m'a dérangée, c'est qu'un analyste qui a fait une analyse personnelle et un contrôle de patient découvre sa propre histoire avec son père dans une supervision à la fin de sa carrière. Ça ne me semble pas crédible. Dans ce cas, il n'est pas bien analysé, on a un vrai souci. Là, on est sur des enjeux scénaristiques qui relèvent de la fiction, mais ça n'a pas de sens. Il fallait bien qu'il y ait un ressort où lui découvre quelque chose de lui, mais ça, ce n'est pas possible. »

Sur cette question, **Corinne Tyszler** est moins catégorique :
« Quand on a terminé une analyse, il y a encore des choses qui restent dans l'opacité. On ne peut pas penser qu'ayant mené une analyse à son terme, tout serait clarifié. D'ailleurs, si tel était le cas, il n'y aurait plus d'inconscient. À l'issue d'un parcours d'analyse, l'inconscient se referme mais peut se rouvrir à diverses occasions. Ces dernières sont généralement celles où le Réel vient à frapper – les attentats de 2015 et la pandémie dans les deux saisons viennent l'illustrer. Ce peut être aussi à l'occasion des événements symboliques importants, comme le divorce du Dr Dayan. Ces deux occurrences obligent en quelque sorte ce dernier à revisiter son lien à son père, que sa première analyse avait abordé d'une certaine façon. Il a besoin d'en repasser par cette répétition pour apprécier une autre texture de ce qui a fait événement pour lui. La répétition est ainsi une promesse de changement. »

La responsabilité du Dr Dayan

La saison 2 démarre en pleine tourmente pour le Dr Dayan. On le retrouve dès le premier épisode chez son avocat, après qu'il a été accusé de négligence sur un patient, dont les téléspectateurs se souviennent : Adel Chibane, l'un des protagonistes de la saison 1. Dépêché au Bataclan, lors des attentats terroristes, le policier de la BRI a été profondément marqué par ce qu'il y a vu. C'est ce qui l'a décidé à consulter le Dr Dayan. Au fil de la saison, il s'engage dans une relation extraconjugale avec une autre patiente, Ariane (elle-même dans un rapport ambigu avec le psychanalyste). Après quelques séances, Chibane décide de quitter femme et enfants afin de rejoindre les troupes kurdes en Syrie pour combattre Daech. La saison se termine par l'enterrement du jeune homme, tué lors de l'une de ses premières missions, refusant de se replier avec le reste de sa troupe.

Et c'est bien là le problème. Le père d'Adel, Mohammed Chibane, a porté plainte contre le Dr Dayan. Il l'accuse de ne pas avoir détecté la fragilité psychique de son fils et de ne pas avoir empêché son départ en Syrie.

Deux avocats pour le procès

La saison 2 de *En thérapie* s'ouvre sur Philippe Dayan rendant visite à son avocat, maître Rousseau, en vue du procès. Ce dernier va lui présenter une nouvelle protagoniste, Inès Diallo, elle aussi avocate, spécialisée en droit médical.

Le comportement de chacun des deux avocats est très différent envers le Dr Dayan. Alors que Rousseau se veut très rassurant, Inès va plutôt être sur la défensive, ne cessant de dire à son client que la partie n'est pas jouée et que rien n'est gagné. Elle le prouve en listant les différents points sensibles sur lesquels l'accusation va sûrement s'appuyer.

> Pour maître **Éric Verrièle**, avocat pénaliste au barreau de Paris :
> « Ce duo d'avocats n'est pas anodin. Maître Rousseau ne semble pas être un spécialiste des procédures pénales. C'est pour cela qu'il demande conseil à Inès Diallo afin qu'elle donne son regard d'avocate pénaliste spécialisée. Cette situation est typique, l'avocat principal a ici plus un rôle rassurant, presque de marketing afin de ne pas trop inquiéter son client. En revanche, Inès connaît très bien les risques encourus et comment la situation peut vite déraper.
> C'est pour cela que Philippe Dayan semble tomber des nues. Alors qu'il avait toujours été rassuré jusque-là, Inès Diallo le prépare réellement au procès. »

Une chronologie plus compliquée pour les besoins de la série

Le procès a lieu le 5 juin 2020, soit plus de quatre ans après la mort de Chibane. Pourquoi autant de temps ? C'est Inès Diallo qui remonte toute la chronologie des événements dans le premier épisode de la saison 2.

Ainsi, après la mort du policier, le père de celui-ci a intenté une action judiciaire contre le psychanalyste. L'affaire a entraîné une enquête menée par une juge d'instruction qui a conduit à un non-lieu pour Philippe Dayan. L'épouse d'Adel Chibane décide alors de faire appel de ce jugement. Un autre juge d'instruction reprend l'affaire. Celui-ci découvre de nouveaux éléments, défavorables pour Dayan. Le second procès semble donc bien moins engagé pour le praticien.

Le fait que les scénaristes aient décidé qu'il y ait appel de l'ordonnance de non-lieu et un appel permet de justifier les quatre années qui séparent la mort de Chibane du procès. Même si les procédures peuvent souvent être longues, il aurait été difficilement justifiable de faire durer l'enquête aussi longtemps. Le fait qu'il y ait d'abord une ordonnance de non-lieu pour le psychanalyste, et un appel ensuite, permet donc de justifier ce temps passé et d'être raccord avec la temporalité de la saison 2, qui se passe pendant la crise du Covid.

L'erreur du Dr Dayan

En fait, Philippe Dayan a fait une erreur cruciale durant l'enquête. Lors de son interrogatoire avec le juge d'instruction, il a indiqué qu'Adel Chibane lui avait mentionné son souhait de partir en Syrie. Il aurait très bien pu ne rien dire et invoquer le secret médical. Le psychanalyste reconnaît même cette erreur lorsqu'il est appelé à la barre pendant le procès. « Je regrette cette violation du secret professionnel, [...] J'étais sous le choc lors de l'audition et j'ai confirmé les dires de monsieur Mohammed Chibane » déclare-t il au président de la cour.

En effet, il a de quoi regretter. **Maître Matthieu Seingier**, avocat au barreau de Paris, confirme :
« Oui, Philippe Dayan a fait une erreur. Le médecin est soumis au secret professionnel. C'est même un des piliers de l'exercice de la médecine. Lorsque l'on est avec un patient, rien ne doit sortir du cabinet. Une divulgation du secret professionnel peut même être sanctionné. Il n'y a que quelques exceptions, dit-il, mentionnant l'article 226-14 du code pénal. Si le médecin décèle des sévices ou des privations, notamment chez les femmes et les enfants, ou si le patient a un caractère dangereux pour lui-même ou autrui et est en possession d'une arme ».

Donc Adel Chibane n'était pas dans ce cas. Même s'il n'hésitait pas à se déplacer en civil avec son arme au fond du coffre de sa voiture (comme on le voit lorsqu'il dépose Ariane chez elle dans la saison 1), il n'avait jamais indiqué vouloir se faire du mal.

Si le psychanalyste avait gardé le silence sur ce qu'il s'était dit dans son cabinet, rien n'aurait pu lui être reproché lors du procès. En revanche, dès l'instant où il déclare qu'il était au courant de cette envie de départ en Syrie, l'accusation peut arguer qu'il n'a rien fait pour empêcher Adel Chibane de partir.

> « Le Dr Dayan était le confident d'Adel Chibane. C'est lui qui a tout vu, tout su, ajoute **maître Seingier**. Il était donc en mesure d'apprécier la situation réelle du patient. L'accusation peut donc dire qu'il avait tous les éléments en main pour considérer qu'il pouvait mettre sa vie en danger. »

Et c'est d'ailleurs le point crucial du procès : à quel point le Dr Dayan pouvait-il avoir conscience de l'état d'Adel Chibane et de sa détermination à partir en mission suicide en Syrie ?

Les notes, le divorce et les témoignages de patients

Inès Diallo détaille plusieurs points dont l'accusation va se servir afin de démontrer que Philippe Dayan n'accordait pas à Adel Chibane toute l'attention que ce dernier était en droit d'attendre.

Tout d'abord, Philippe Dayan ne prend jamais de notes lors de ses séances. L'avocate le lui reproche. En effet, pour elle, les notes auraient pu prouver non seulement l'implication du médecin, mais aussi confirmer qu'Adel Chibane ne montrait pas de signes suicidaires.

C'est à ce moment-là que Dayan s'énerve : « Même si j'en avais prises, [...] je défie quiconque de comprendre ce qu'il y a écrit. Ce sont des bribes de phrases, des mots pris à la volée… »

Et il a tout à fait raison de s'énerver face à ces reproches répétés : aucune disposition légale n'oblige les thérapeutes à prendre des notes

> « Pénalement parlant, ce n'est pas du tout répréhensible, commente **maître Seingier**. Un médecin a une obligation d'avoir un dossier médical. Cependant, son contenu est assez libre. Il doit contenir au minimum l'identité du patient et les dates des rendez-vous. Le reste est à la discrétion du professionnel. Dans le cas de Philippe Dayan, la présence de notes aurait pu néanmoins renforcer sa défense. »

Ensuite, Inès Diallo l'avertit que l'accusation va sûrement aller sur le terrain de la vie privée et du divorce, Philippe Dayan étant en pleine séparation au moment des faits. Même si cela semble très indélicat de la part de l'autre partie, ce n'est pas du tout invraisemblable.

« Par tous les moyens, il faut convaincre le tribunal que la thèse que l'on défend est plausible et même avérée, et par tous les moyens possibles, note **maître Verrièle**. C'est une tribune dont il faut savoir profiter. »

Enfin, Philippe Dayan aurait pu compter sur les témoignages élogieux de ses patients. Comme il le dit lors de son entrevue avec les deux avocats : « On a interrogé toute ma famille, mes patients… » Il y a même un témoignage du collègue d'Adel Chibane, chez qui il logeait avant son départ en Syrie, disant que le policier ne tarissait pas d'éloges sur son psychanalyste. Cependant, pour Inès Diallo, ces dépositions ne valent rien.

Tout ceci est confirmé par **maître Éric Verrièle**.
« On peut arriver dans un dossier avec cinquante témoignages tous très bons et les voir écartés d'office car ils ont été dits par des gens qui ont de la sympathie pour l'accusé. Et ce, même sans parler de transfert, ce qui est le cas ici. En revanche, c'est très injuste, car s'il y avait eu de mauvais témoignages envers le psychanalyste, ils auraient pu être utilisés contre lui. »

La scène du tribunal

En ce milieu de la saison 2, le Dr Dayan pourrait donc bien voir son avenir basculer devant ce tribunal. C'est le jour du procès, et il risque d'écoper d'une interdiction d'exercer s'il est jugé coupable. D'ailleurs, il se retrouve bien vite en mauvaise posture quand l'avocate de l'accusation l'emmène sur le terrain dangereux de sa relation ambiguë avec sa patiente Ariane. Heureusement, son ancienne superviseuse, Esther, vient à sa rescousse dans un génial coup de théâtre et retourne la situation en sa faveur.

La scène a vraiment été tournée au tribunal judiciaire de Paris. On reconnaît facilement l'Atrium, grand hall d'attente où s'affaire une ruche composée d'avocats, de plaignants, de témoins, de victimes ou simplement de badauds. Seul petit indice qui semble indiquer le tournage en cours : tous les écrans sont éteints, alors que normalement on peut y avoir, comme dans un hall de gare, l'heure et les salles où se déroulent les audiences. La scène a sûrement été filmée hors des heures d'ouverture du tribunal.

On peut voir le souci du détail accordé à la scène du procès. Un soin particulier a été pris avec un véritable souci du détail, comme le souligne **maître Verrièle** :
« On peut remarquer que la présidente du tribunal est décorée de l'ordre national du Mérite. La médaille est accrochée à sa robe. C'est un détail qui a son importance puisque c'est une distinction très recherchée dans la magistrature. Cela donne une certaine prestance. »
En revanche, l'arrivée impromptue d'Esther, l'ancienne superviseuse de Dayan, avec qui il n'a plus de relations depuis presque cinq ans, peut questionner. Or, celle-ci est tout à fait plausible, explique **maître Verrièle** :

« Un témoin doit rester à l'extérieur du débat en attendant sa déposition, car cela pourrait l'influencer. Il ne peut donc entrer que quand il est invité à la barre. Cependant, la série prend ici quelques libertés. En général, le témoin qui désire parler va voir l'avocat avant l'audience, et c'est ce dernier qui prévient la présidente. Ici, Esther n'a prévenu personne, et c'est une chance que la présidente ait accepté sa déposition. L'effet de surprise aurait pu nuire à sa déposition, souligne **maître Verrièle**. Le président du tribunal aurait très bien pu refuser qu'elle parle car les annonces impromptues, en général, rallongent considérablement le débat ».

Dayan, toujours dans le doute

Finalement, Philippe Dayan apprend un mois après le procès qu'il est relaxé. Il va donc pouvoir continuer à exercer son métier. Cependant, des doutes sur son travail le tourmentent, comme il le dit à sa superviseuse, Claire, interprétée par Charlotte Gainsbourg. Et cela peut se comprendre : quel praticien sortirait indemne d'une telle accusation ?

Dans la réalité, il y a vraiment très peu de cas de plaintes contre un psychanalyste ou un psychiatre.

« C'est très rare, confirme le **Dr Edouard Leaune,** psychiatre et auteur de plusieurs études sur le suicide. En général, après le suicide d'un patient, il arrive que la famille, dans un accès de colère, reporte la faute sur le praticien et le menace d'un procès. Mais, bien souvent, quand la colère retombe, ils abandonnent cette idée et certains vont finalement même démarrer une psychanalyse. »

Le suicide chez un patient

Le suicide est la pire chose qui puisse arriver à un médecin. Véritable aveu d'échec de la thérapie, il est difficile de ne pas se sentir coupable. Cet événement n'est malheureusement pas rare dans la vie professionnelle d'un psychiatre. En 2019, une enquête menée en France sous la direction du Dr Edouard Leaune, psychiatre au centre Vinatier à Lyon, a montré que plus de 87% de la profession a été confrontée à cet événement au moins une fois dans sa carrière.

Les psychiatres sont-ils formés à la possibilité du suicide d'un patient ?

Edouard Leaune :

« Les psychiatres se retrouvent confrontés au suicide. Le premier cas arrive souvent même pendant la formation lorsque l'étudiant n'est encore qu'un interne. Cependant, on n'en parle que rarement pendant le cursus. Déjà il y a un tabou sur le sujet. Les psychiatres ne se vantent pas quand un suicide leur arrive. Et même si les étudiants savent qu'un tel cas peut se produire pendant leur carrière, ils en parlent très peu. Et finalement, quand la situation survient, beaucoup veulent changer de carrière. »

Les psychiatres repensent-ils souvent à leurs patients suicidés ?

Edouard Leaune :

« Beaucoup de psychiatres ont des fantômes dans le placard. On entend souvent des phrases comme "Tous les jours, je repense à ce jeune". Il y a une vraie culpabilité, un sentiment d'échec et de deuil. Et plus le lien thérapeutique entre le patient et le psychiatre est fort, plus cela va être difficile, notamment pour des patients qu'on a accompagnés pendant deux ou trois ans et dont on a suivi l'évolution. »

Doit-on prévenir la famille quand on détecte un risque de suicide ?

Edouard Leaune :

« Oui, le psychiatre peut tout à fait lever le secret médical s'il y a un risque vital engagé, et le risque de suicide immédiat en est un. Après, on ne peut pas tout prévoir, c'est pour cela que l'on dit qu'en tant que médecin, on a une obligation de moyens et non de résultats. Par exemple, je connais un psychiatre dont le patient s'est suicidé quinze minutes après être sorti de son cabinet. Et, évidemment, mon collègue s'est senti très mal. »

Est-ce que les familles menacent souvent d'intenter un procès ?

Edouard Leaune :

« J'essaie toujours de recevoir la famille après un suicide, mais ce n'est pas une obligation. En général, elle essaie de comprendre. Cependant, il peut y avoir de la colère difficile à gérer et les psychiatres ne sont pas du tout formés à recevoir les proches du défunt. On peut nous menacer de procès, c'est tout de même très rare. Et, finalement, l'idée s'en va avec le temps, quand la colère s'apaise. »

Comment peut-on s'habituer à voir des personnes suicidaires ?

Edouard Leaune :

« À force de pratiquer, on sait que les gens vont aller mieux. On fait l'expérience d'une personne suicidaire et qui pense que sa vie est finie. Puis, quelques années plus tard, cette personne va bien mieux. Il y en a même qui envoient des cartes postales pour donner des nouvelles et ça fait plaisir. Donc, on sait que les choses vont s'arranger pour la plupart des patients. »

Peut-on empêcher quelqu'un de partir si on voit qu'il y a un risque de suicide ?

Edouard Leaune :

« En tant que psychiatre, oui. On peut demander à ce qu'un patient soit hospitalisé jusqu'à ce qu'il aille mieux. Et, même si le patient refuse, on peut ordonner des soins sans son consentement. Dayan peut le faire car il est à la fois psychiatre et psychanalyste. Il le fait d'ailleurs à juste titre avec Alain, l'un des patients de la saison 2. »

Le Dr Dayan est-il un bon psy ?

Combien d'étoiles le Dr Dayan décrocherait-il sur Google ? Serait-il « À fuir de toute urgence » ou « Très professionnel, rassurant et engageant » ; ne faisant preuve d'« aucune écoute » ou « Toujours disponible pendant les coups durs » ? Les commentaires laissés par les patients, parfois totalement contradictoires sur le même praticien, montrent à quel point il est difficile de répondre à la question : Qu'est-ce qu'un bon psy ?
Il faut être deux pour une thérapie ou une analyse, et l'évaluation de l'efficacité n'est pas simple à objectiver, tant du point de vue du patient que du praticien. D'autant que, par essence, personne d'autre n'est censé assister à la séance, comme les spectateurs peuvent le faire pour *En thérapie*.

Des avis divergents

Le 22 mars 2022, dans l'émission *Sans oser le demander* sur France Culture, le psychanalyste Michel Gribinski parlait du Dr Dayan comme d'un « psy tordu » et « caricatural », à propos d'un échange avec Camille. « La séduction est non seulement épouvantable de la part de l'analyste, mais aussi artificielle. Il applique une technique dans le pire sens du terme. Elle a absolument raison de se révolter »

Dans la série, les patients ne se privent d'ailleurs pas de critiquer assez directement Dayan, à l'image de Robin qui lui rappelle que ses parents ont divorcé malgré leur thérapie de couple : « Moi je crois que ça ne marche pas votre truc. Mes parents, vous ne les avez pas guéris. Vous n'êtes pas docteur si vous arrivez pas à guérir les gens. » Ce qui n'empêche pas d'autres de le remercier chaleureusement, ou de le recommander. Et on ne peut contester qu'il parvient en quelques séances (sept la plupart du temps) à provoquer des réactions, des prises de conscience ou des changements forts chez ses patients.

Julie Mortimore Billouin, psychanalyste à Paris :
« Est-il un bon ou un mauvais psy ? Il est toujours difficile de répondre… Ni l'un ni l'autre. Ou bien l'un et l'autre. Il est très bon et très fin dans son écoute, sa présence et même ses interprétations. Elles touchent souvent juste. Le problème est qu'elles viennent trop de sa part et trop vite. Dans la réalité, la parole interprétative d'un psychanalyste est assez mal accueillie par le patient, et c'est normal, c'est toujours assez abrupt à recevoir. On pourrait dire qu'un bon psychanalyste, c'est celui qui manie suffisamment bien la méthode et se tait suffisamment aussi pour que l'interprétation tombe de la bouche du patient. Et cela prend un certain temps. Cette temporalité ne correspond évidemment pas à celle d'une fiction. Comme l'a très bien proposé Freud à la fin de sa vie, le clinicien peut donner un coup de pouce à l'interprétation seulement au moment où elle est presque au bout des lèvres du patient, pas avant. »

Ludovic Gadeau, docteur en psychopathologie clinique, psychologue clinicien, psychothérapeute-psychanalyste :
« Ce que la fiction ne peut pas faire apparaître, c'est que les changements (positifs ou négatifs) que l'on observe dans les psychothérapies ne se réalisent pas en cinq séances, mais relèvent de processus à forte inertie (et donc assez lents), dont les effets sur le fonctionnement psychique ne sont pas totalement contrôlables, pas plus dans leur rythme que dans leur intensité. La temporalité est une dimension du fonctionnement psychique essentielle, elle est déterminante dans le succès d'une psychothérapie. »

Françoise Hirsch, psychologue clinicienne à Toulouse :
« Il ne faut pas perdre de vue qu'on est dans la série dans une perspective extra-ordinaire, au sens

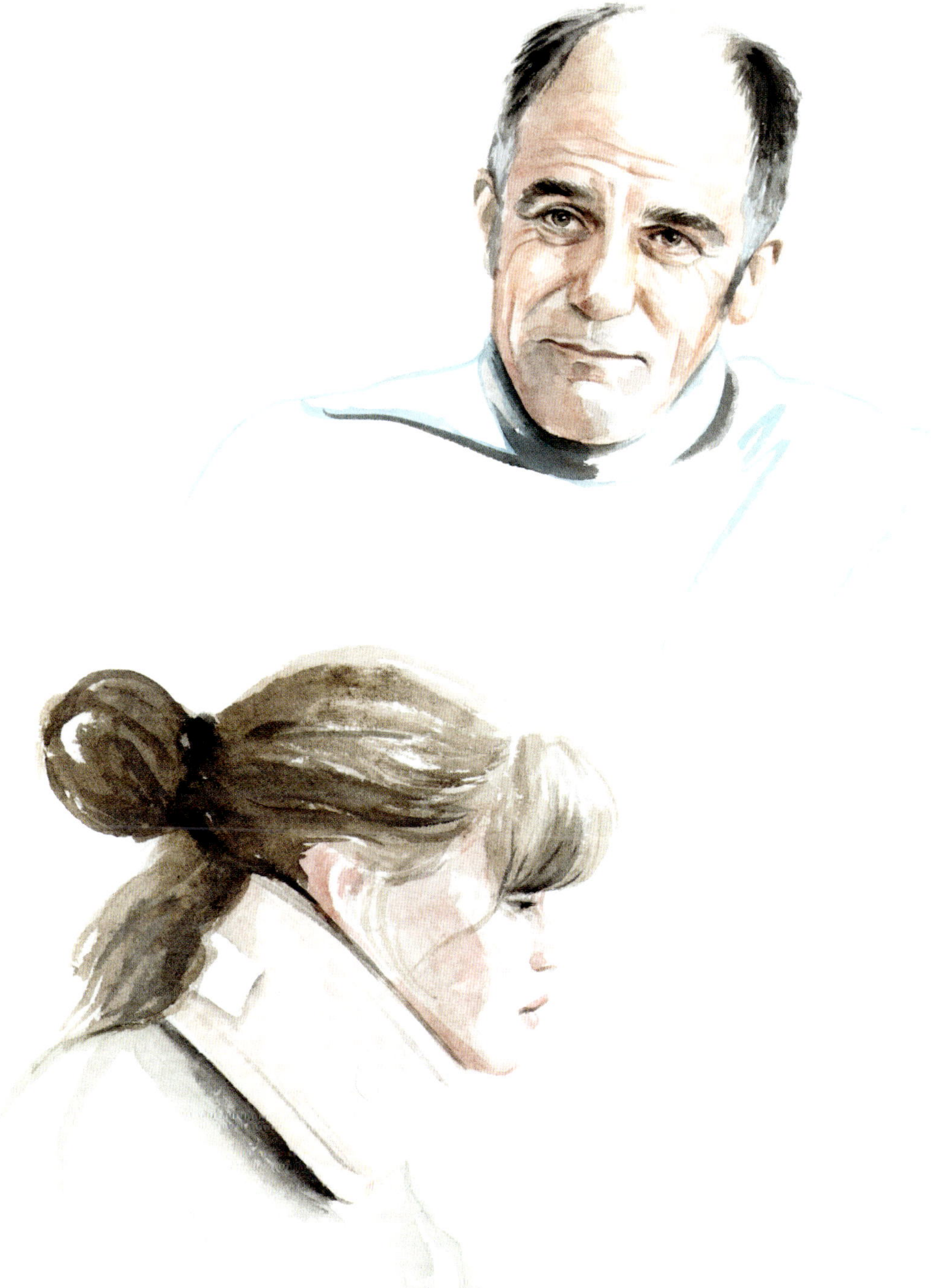

79
Le Dr Dayan, un psy comme les autres ?

réel du terme. Cela ne correspond pas à nos réalités cliniques. À de rares exceptions, il ne faut pas imaginer que les patients vont aussi vite dans leur travail, font ces merveilleuses associations… On est un peu au-dessus de la réalité en permanence, ça marche trop bien. Dans la vraie vie, ça marche, certes, mais moins vite, on pédale plus… Les spectateurs qui regardent doivent se dire, c'est génial, en quelques séances, il arrive à débrouiller des problèmes, les patients comprennent ce qui se passe, ce qui leur fait du mal. Il y a presque un côté magique. »

Véronique Barfety-Servignat, psychologue et psychothérapeute : « Après la saison 1, des gens sont venus à mon cabinet car ils m'avaient vue sur une vidéo réalisée par Konbini où je parlais de la série. Mais, quand je suis interviewée, je ne suis pas celle que je suis au cabinet. Et, dans plusieurs cas, ça n'a pas marché, car ce qu'ils venaient chercher, c'était ce qui s'était passé dans la série. »

Sorties de cadre

La pratique du Dr Dayan mérite en tout cas d'être interrogée sur d'éventuels manquements aux règles déontologiques de la profession. Le problème le plus évident concerne sa relation avec Ariane, même si elle ne va pas jusqu'à la relation sexuelle (voir le chapitre p. 86). Un cas d'école mais pour autant proscrit par toutes les chartes professionnelles des différentes associations de psychothérapeutes. « Aucun thérapeute ne peut ignorer la dissymétrie qui existe entre lui et son patient – qui se trouve par définition dans un état de vulnérabilité, rappelle Samuel Dock, psychologue et psychanalyste, dans son livre *Les Chemins de la thérapie* (Flammarion, 2022). Le code de déontologie comme la théorie prohibent absolument les relations intimes entre un patient et son thérapeute en ce qu'elles sont radicalement incompatibles avec le travail thérapeutique. » Esther, sa contrôleuse, lui rappelle vertement quand Dayan essaie de louvoyer pour s'autoriser à entreprendre une relation avec la chirurgienne : « Un analyste ne couche pas avec ses patients, c'est une règle fondamentale. »

Pour **Julie Mortimore Billouin :** « C'est clairement le passage à l'acte de trop. Ce qui se passe avant qu'il ne se rende chez Ariane pourrait encore se rectifier avec les supervisions, mais il décide de retourner en psychanalyse trop tard. C'est un peu le problème de beaucoup de psychanalystes qui ne fréquentent plus le divan, et ça, c'est très regrettable. Le contrôle ne fait pas office de psychanalyse, ce n'est pas la même chose. »

Hélène Elkaim, psychologue et membre de la Société de psychanalyse freudienne : « Quand on est analyste, on est traversé aussi par des fantasmes, et on y travaille. La relation de Dayan avec Ariane montre bien que ce n'est que du fantasme : lui de son côté ne peut pas, et elle se rend compte que c'est aussi un fantasme pour elle. Ça m'est arrivé qu'un patient me fasse des propositions. C'est toujours très difficile, ça renvoie à vos fragilités, c'est un patient qui vous renvoie sans cesse à vous. L'analyse peut s'arrêter, soit du fait de l'analyste, qui estime qu'on ne peut pas travailler, ou bien le patient abandonne. Je sais qu'il y a des psychanalystes qui passent à l'acte, et c'est dommage, mais je pense que c'est très rare. »

Ludovic Gadeau :
« La vie privée du psychanalyste ne doit pas entrer en interférence avec sa pratique professionnelle, ce qui exige une vigilance qui doit garantir ce qu'on appelle la neutralité, ce que Philippe Dayan, insensiblement, semble perdre de vue. L'enfer étant pavé de bonnes intentions, la pratique engagée et bienveillante de Dayan et le cadre thérapeutique proposé finissent par franchir les limites de ce qui convient et conduit à ce qui confine à mes yeux à un défaut majeur de neutralité et à une faute professionnelle. Adel Chibane et son thérapeute finissent par être dans la réalité (et non dans le fantasme) en "rivalité amoureuse". »

Si sa relation avec Ariane est évidemment problématique, d'autres situations avec ses patients se situent dans une zone plus floue, où il est question de sorties de cadre ou de gestion des émotions.

Dans le cas de la mort d'Adel Chibane, c'est même la justice qui va finalement trancher – en sa faveur – quant à une éventuelle faute du praticien (à ce sujet, lire le chapitre p. 66).

Toutes les consultations ne prennent heureusement pas un tour aussi dramatique, mais il lui arrive régulièrement de sortir des clous avec certains patients.

Françoise Hirsch, psychologue :
« Je ne dirais pas qu'il fait des erreurs. Il est réactif dans le bon sens. Dans la première saison, il y a des patients qui sont souvent agressifs, ils arrivent à reculons et il répond de façon pertinente à ces comportements. La critique que je pourrais faire, c'est qu'on perçoit parfois des espèces de débordements émotionnels. Dans la saison 2, il est plus contrôlé avec ses patients et il se laisse massivement aller chez son superviseur. »

Laelia Benoit, pédopsychiatre :
« On voit que les gens qui ont construit la série connaissent bien les pratiques de la thérapie psychanalytique "orthodoxe". Il y a suffisamment d'indices qui montrent qu'il a été formé dans ce cadre, que c'est son référentiel. Mais il fait plein d'entorses, il est assez spontané, et du coup, j'imagine que les psychanalystes se chamaillent sur la question de savoir s'il sort du cadre ou pas. »

Parfois, il réagit très spontanément, semblant ne pas maîtriser ses émotions. Quand Camille raconte qu'un jeune homme avec qui elle a couché l'a traitée de « bout de viande », il lâche un « petit con ». Quand Damien le pousse à bout lors de leur thérapie de couple, il finit par conseiller directement l'avortement, avant de se reprendre. Il peut être inattentif comme lorsqu'il laisse traîner des somnifères dans son cabinet alors qu'il a quitté la pièce et que Camille y est seule. Autant de points qu'il identifie lui-même comme des manquements de sa part et dont il parlera avec sa superviseuse.

Il va parfois aussi intervenir au-delà du cadre de l'analyse, en faisant un sandwich au jeune Robin qui a cessé de se nourrir (voir le chapitre p. 140), en emmenant à l'hôpital Lydia, la jeune étudiante atteinte d'un cancer alors qu'elle fait un malaise dans son cabinet.

Véronique Barfety-Servignat, psychologue :
« Quand il voit sa patiente, Lydia, qui vacille, ce qu'il identifie ce n'est plus un vacillement psy mais un vacillement autour de la maladie. Ces sorties de cadre sont possibles à partir du moment où elles sont nommées. Quand j'accepte un patient en suivi, je lui dis toujours : tout ce qui se dit ici reste ici. Si, à un moment donné, je pense que vous allez mal, nous en parlons ensemble, et je préviendrai votre médecin traitant, avec votre accord. Ça fait partie de mon cadre, et il est posé comme tel. Parfois il arrive qu'il ne souhaite pas que j'appelle son médecin traitant. Dans un premier temps, je temporise, mais à un moment j'y reviendrai. Et, si le patient va vraiment mal, j'appelle le médecin, devant le patient, c'est-à-dire qu'il sait que ça se passe. Il n'y a pas rupture. Avec Lydia, on sent que Dayan est médecin, il l'accompagne à l'hôpital, mais c'est elle qui le désigne comme personne référente. Là, il lui dit : on n'est plus dans le cadre psychanalytique, je ne pourrai plus être votre psy. Ça a été nommé. »

De la même façon, quand Alain, le chef d'entreprise, s'effondre en larmes lors d'une séance en présence de sa fille, c'est avec sa casquette de psychiatre que Dayan le fait hospitaliser quelques jours à Sainte-Anne, en lui demandant son accord, craignant un geste suicidaire.

Un psy en plein doute

Philippe Dayan lui-même se considère-t-il comme un bon psy ? Au gré des échanges avec sa superviseuse Esther, il est plutôt contradictoire. « Je suis devenu un bien meilleur thérapeute que vous tous », lui assène-t-il au moment où ils s'écharpent sur leur passé commun. Mais c'est le même qui apparaît plein de doutes lors d'une autre séance. « Tu sais que je suis un praticien consciencieux. Le problème, c'est l'usure. J'ai besoin d'être rassuré, qu'on me rappelle que ce que je fais a un sens, et que je le fais bien. » À un moment, modeste, il évoque « le peu de bien que j'ai fait à mes patients" qu'il a "un peu aidés ». Mais il se dit aussi prêt à abandonner : « J'ai envie de tout arrêter, il est peut-être temps que je reconsidère mon projet professionnel ».

Le Dayan de la première saison est un praticien qui doute, et que les attentats du 13 novembre ont particulièrement remué. Tout cela rejaillit sur sa pratique, raconte-t-il à Esther dès leur première séance, et c'est d'ailleurs pour cela qu'il retourne la voir : « Je suis en crise, lâche-t-il. Je suis fatigué, je n'ai plus l'appétit, je n'ai plus le désir. C'est peut être le "vieuxconnisme" qui est en train de me frapper. Et, surtout, les patients, j'ai l'impression de ne plus avoir la patience avec eux. Je crois que je n'arrive plus à les supporter. Je crois que s'ils savaient ce qu'il se passe dans ma tête à certains moments des séances, ils partiraient en courant. » Tout ceci venant se mêler à une crise conjugale et des difficultés relationnelles avec ses enfants.
Cinq ans après, il a divorcé, mais n'est pas pour autant apaisé. « J'ai l'impression de n'aider personne et c'est un sentiment qui ne date pas d'hier », dit-il à sa nouvelle superviseuse.

Laelia Benoit, pédopsychiatre : « Je pense que pour des gens qui ne connaissent pas du tout la psychothérapie en général et la psychanalyse en particulier, il y a un côté un peu voyeuriste et sympa de voir que le psy est un être humain, qu'il a ses problèmes. C'est toujours intéressant de voir l'aspect caché des figures d'autorité. Pour moi, le problème c'est qu'on fasse des psychothérapeutes des figures d'autorité. Je pense que c'est bien que l'on connaisse la vie de Dayan, mais c'est un peu dommage qu'on en soit à se dire : « Mon Dieu, cette personne sacrée a une vie ! »
Et la pédopsychiatre et sociologue, chercheuse à l'Inserm et à Yale, assez critique sur la pratique hexagonale, de poursuivre : « On est en droit de se demander comment certains psys pourraient nous aider alors qu'ils vont eux-mêmes visiblement si mal ! Il faut quand même aller mieux que ceux que l'on accompagne, sinon, on ne peut pas les aider. En psychanalyse, Freud a théorisé la nécessité de garder des distances avec le patient, pour que celui-ci puisse projeter sur le psy ses mouvements inconscients comme sur une page blanche – le transfert. Cela implique que le thérapeute garde le silence la majorité du temps, et qu'il ne parle jamais de son ressenti. Il me semble que cette théorie nous en dit davantage sur le contexte culturel guindé et sur la pauvreté relationnelle des rapports interpersonnels dans la bourgeoisie viennoise du début du XXe siècle, que sur une supposée méthode de soin. Il est urgent de réviser ces théories pour ne pas être maltraitant envers les patients, surtout les plus jeunes. »

Les patients

Ariane

Aux yeux des spectateurs, Ariane Coligny est la toute première patiente de Philippe Dayan. Une sorte d'Ève cathodique dont le visage de Madone inondé de larmes surgit dès le plan d'ouverture de la série. Si l'on ajoutait deux lettres à son prénom, on pourrait même l'appeler Marianne et en faire le symbole de la France qui pleure, ce matin du lundi 16 novembre 2015 dans le cabinet du psychanalyste. Depuis que des commandos terroristes ont semé la mort, la terreur et l'effroi au Bataclan, aux terrasses de cafés parisiens et aux abords du Stade de France, le pays entier est sous le choc. Dans son fauteuil, en retrait du divan où sa patiente est assise (elle changera plusieurs fois de position), le praticien attend, en silence et la mine grave, qu'elle prenne la parole. Sans doute suppose-t-il déjà que la jeune femme – il sait qu'elle est chirurgienne – a vécu les attentats de très près …

De fait, Ariane vient de vivre deux journées et deux nuits extrêmement stressantes et dramatiques. Encore éprouvée, elle les raconte au thérapeute, non sans avoir préalablement mentionné une énième soirée d'ennui passée auprès de Cédric, son compagnon, le soir du vendredi 13 novembre. « J'allais pas tarder à m'endormir puis j'ai entendu un "Oh putain". (...) Il [Cédric] était tout pâle. Il avait mis les infos et c'est comme ça que j'ai su pour le Bataclan. (...) J'ai filé à l'hôpital. Je savais bien qu'on allait avoir besoin de moi. (...) Vous êtes déjà allé aux urgences ? D'habitude, c'est toujours le bordel. (...) Là, c'était profondément silencieux. Y avait des blessés, des brancards et du sang partout. Des infirmiers que je connaissais pas. Mais c'est comme si tout le monde savait ce qu'il avait à faire. Personne ne se plaignait. Même les blessés ne disaient rien, on ne les entendait pas. C'était très bizarre. C'était comme un ballet, à l'opéra. Puis après, moi je suis partie au bloc pour opérer. 48 heures sans dormir. À un moment, on est comme en transe, on a du mal à s'arrêter. C'était comme une très, très longue nuit à lutter contre la mort. Bon, bref, voilà, j'ai fait mon job. »

Dayan note le contraste entre sa grande fébrilité et le détachement avec lequel elle décrit les événements (« Votre job ? C'est comme ça que vous définiriez ce que vous avez fait ? ») Il relève aussi qu'un peu plus tôt dans la séance, elle a fait « spontanément » un lien entre son attente dans le froid à la porte du cabinet, le matin même, et l'errance des « gens enfermés dehors le 13 novembre ». Comme si, elle aussi, cherchait désespérément un refuge.

Épuisée, la chirurgienne manque même de s'évanouir. Elle ne parvient pas à se réchauffer. Alors le psy lui tend un plaid dans lequel elle se love – premier passage à l'acte. Puis elle ôte ses bottes en regardant Dayan qui, lui, regarde ses pieds... « Parfois, certains patients retirent leurs chaussures au début de la séance. Ce qui revient un peu, symboliquement, à se déshabiller, raconte le psychanalyste Emmanuel Valat dans *Télérama* (février 2021). Quand c'est une femme qui, avant de s'allonger sur le divan, enlève ses bottes, oui, ça peut être un peu troublant. »

En plein déni du choc qu'elle vient de vivre, la chirurgienne jure que « ce qui s'est passé la nuit dernière n'a rien à voir avec les attentats ». Un peu obscur. Elle explicite : « J'ai bousillé ma vie. J'ai quitté Cédric. » Alors qu'elle rentrait de l'hôpital, « ce crétin » lui a demandé de choisir : se marier et construire un « foyer à l'ancienne », ou se séparer. « Après un trauma majeur, les gens sont dans l'effroi, ils ont besoin de se raccrocher à quelque chose. La variété des réactions humaines à ce type d'événements peut parfois être un peu surprenante. Mais la vôtre aussi, peut-être... », lui laisse entendre le psy. « Hier, j'ai fait n'importe quoi. J'ai complètement dérapé. » Après être retournée au bloc pour opérer, elle a eu une brève aventure avec un infirmier qu'elle ne connaissait pas. « C'est ce que Freud appelle la pulsion de vie », éclaire Dayan.

Sophie Aouillé, psychologue dans le 14e arrondissement de Paris :
« Elle vient de voir la mort en face et de côtoyer des gens blessés, complètement détruits. D'un seul

coup, effectivement, elle prend le parti de la vie, de la jouissance, et l'on voit bien que c'est très étrange pour elle, très dérangeant. Cela veut dire : "Je veux vivre quand même à tout prix." Après des ruptures amoureuses dévastatrices, certaines personnes enchaînent les aventures sexuelles, plus qu'amoureuses. Comme une façon d'essayer de ne pas s'effondrer. Mais on ne peut jamais faire l'économie du deuil. On finit toujours par être rattrapé, à un moment donné. »

Fragments d'un transfert amoureux

Le souvenir de ce « coup d'un soir » désormais la dégoûte. Elle va même jusqu'à vomir, « à se répandre » dit-elle, avant de chausser à nouveau ses bottes, comme pour se rhabiller. Mais elle raconte néanmoins crûment la scène à son thérapeute. Sans cesser de solliciter ses réactions : « Ça vous choque hein ce que je raconte ? Mais ça vous excite ? » Elle reproduira exactement le même schéma plus tard dans la série, en détaillant par le menu son rapport sexuel avec Adel Chibane, un autre patient du Dr Dayan rencontré par hasard dans l'ascenseur.

Michaël Stora, psychiatre et psychanalyste dans le 11e arrondissement de Paris : « Il y a quelques années, j'ai vécu une situation complètement délirante, avec une patiente dont le mari était psychanalyste. Elle n'avait plus de sexualité avec lui depuis longtemps, et en était très frustrée. Donc elle a commencé à avoir des amants et à me raconter ses parties de jambes en l'air avec un sens du détail qui n'était pas de l'ordre d'un travail analytique. Elle cherchait à provoquer mon désir parce que moi aussi, j'étais analyste. »

Mais Ariane va plus loin. Dans le feu de l'action avec l'inconnu en blouse blanche, elle avoue qu'elle l'a vu lui, Dayan, et qu'elle a fantasmé le fait de venir lui rapporter la scène. « Depuis le premier jour, il y a un an », elle rêve que son thérapeute la prend dans ses bras, lui avoue son amour. « Ensuite on s'embrasse, et on fait l'amour sur le canapé ou sur le fauteuil. Je pensais que ça allait passer, que c'était une étape, un transfert comme vous dites. Mais ça n'a fait qu'empirer. » Le transfert amoureux n'est « jamais loin du sentiment amoureux, commente le psy. Freud dit même qu'il est le seul amour vrai – on lui laisse la responsabilité de ses paroles ! »

Le transfert amoureux, ce concept fondamental de la psychanalyse, Philippe Dayan en fournira plus tard (épisode 35) une définition détaillée à l'attention de son épouse, alors que tous deux consultent Esther Gaget pour essayer de surmonter leurs difficultés conjugales. « Le transfert, c'est le mécanisme qui, dans la cure, fait que le patient développe des sentiments d'attachement extrême envers son analyste, au point de projeter sur lui toutes les vertus d'un idéal amoureux, évidemment détaché de la réalité. Alors le transfert peut être vu comme une sorte d'obstruction au travail analytique. Parce que pendant que le patient rejoue avec l'analyste ces problématiques d'attachement les plus précoces, le processus de la cure est apparemment entravé. »

Michaël Stora :
« C'est un peu un cliché. Le transfert pur et dur est quelque chose que l'on voit moins aujourd'hui qu'au temps de Freud, où l'autorité qui s'exerçait sur les individus – en particulier les femmes – était beaucoup plus forte. Idem pour les notions d'interdit, et de désir de transgression. L'époque actuelle est plutôt à l'idéalisation du moi, ce qui engendre des pathologies plutôt narcissiques. »

Marie-Laure Susini, psychiatre et psychanalyste dans le 3e arrondissement de Paris :
« Les analystes femmes peuvent parler du transfert amoureux plus librement que leurs collègues masculins, parce qu'elles ne subissent pas la même pression que celle que fait subir à un analyste une jeune et belle patiente en lui déclarant son amour. Mon expérience, c'est que les messieurs manifestent leur amour de transfert avec délicatesse, par de tout petits signes : tout à coup ils mettent du parfum, ou vous offrent un livre. Mais ça reste très discret. Freud dit que ce qui s'exprime dans le transfert, c'est de l'amour véritable, et qu'à ce titre, il est difficile de ne pas y céder. Dans le même temps, il alerte ses collègues sur le fait que le transfert amoureux est un obstacle à la cure et leur rappelle que cet amour ne leur est pas réellement adressé. »

Dans un premier temps, Dayan s'efforce de garder ses distances, même s'il est de toute évidence troublé. Par deux fois, lors de ses séances de supervision, il substituera, dans un surgissement de l'inconscient, le nom d'Ariane à celui de deux femmes qui ont beaucoup compté dans sa vie. D'abord Charlotte, son épouse et mère de ses trois enfants, puis Rebecca, son amour de jeunesse, qu'il retrouve par hasard dans la salle d'attente de Claire, sa superviseuse de la saison 2. C'est d'ailleurs ce premier lapsus (saison 1, épisode 5) qui met Esther Gaget sur la piste du contre-transfert mal géré : « Qui est Ariane ? »

Il se montre néanmoins confiant quant à la conduite de la thérapie d'Ariane, malgré son « transfert carabiné ». « Le transfert, c'est le b.a.-ba de la résistance, on va travailler dessus », assure-t-il. Face à Esther (et à son épouse), il vante même l'utilité du processus : « À condition d'être bien manié, le transfert est une étape cruciale de la cure. Entre l'analyste et son patient se rejoue de manière épurée, paradigmatique, le drame amoureux fondateur. » Tous les psychanalystes interrogés le confirment.

Un traumatisme peut en cacher un autre

Quand Dayan revoit Ariane la semaine suivante, il l'incite à parler de l'été où elle a perdu sa mère, décédée d'un cancer. Son père, en pleine dépression, l'avait envoyée passer les grandes vacances chez des amis à lui pour qu'ils s'occupent d'elle. « J'aurais tout fait pour qu'ils m'adoptent. Lui, Serge, ressemblait à George Clooney. Je regardais beaucoup cette série, *Urgences*. Enfin, je vois pas le rapport, » dit celle qui, adulte, a embrassé une carrière de chirurgienne. « Un homme mûr, rassurant, un refuge… », suggère l'analyste. « Sous différents aspects, ce qui se passe ici entre nous vous est déjà arrivé l'été de vos 14 ans », cherche-t-il à lui faire entendre. En vain. Le psy ne le sait pas encore, Ariane le lui révélera plus tard : Serge est le premier homme avec lequel elle a eu des relations sexuelles, quand elle avait 15 ans.

Sophie Aouillé :
« La question du transfert est plus intéressante ici du point de vue du thérapeute que de la patiente, traitée, à mon avis, de manière assez caricaturale. Cela arrive à un moment où lui-même est dans une situation conflictuelle dans sa vie personnelle, puisqu'on apprend qu'il traverse des problèmes de couple. Dans le cas d'un transfert amoureux, il est important que le psy tienne bon parce qu'au-delà de sa propre personne, il y a une autre vérité qui demande à se dire, de la part de la patiente. Une autre relation, plus ancienne, qui se rejoue. »

Ariane cherche de plus en plus ouvertement à éprouver les limites, à pousser le psy dans ses retranchements – en somme, à « attaquer le cadre de l'analyse » disent les thérapeutes. Elle cherche à troubler Dayan en lui racontant ses ébats sexuels (ce qui fonctionne), tente de s'immiscer dans sa vie privée, essaie de le dominer sur le plan intellectuel… Tant et si bien que le psy finit par déraper. La voyant se lever pour aller aux toilettes (épisode 10), il craint qu'elle ne pousse la porte de son appartement et se précipite pour l'en empêcher. Un bel exemple de passage à l'acte, qui n'échappe pas à la chirurgienne. « Vous avez fantasmé que je viole votre intimité. » Le thérapeute cède à la provocation et lui parle d'érotisme urétral chez Freud (le plaisir libidinal à uriner). Ariane est parvenue à le faire sortir du cadre. Elle s'en va en lui disant que si elle avait plus de courage, elle l'embrasserait.

Emmanuel Valat :
« Que Dayan soit pris dans un flot d'émotions et de fantasmes, c'est humain. Le désir n'est pas interdit et il ne peut pas être interdit. Le dérapage, c'est le passage à l'acte. Et il aggrave son cas en essayant de balader sa superviseuse, qui n'est pas dupe. Elle a raison de lui soumettre cette alternative : soit il maintient la thérapie, car un transfert qui s'opère avec cette puissance-là, c'est la preuve qu'un travail est à l'œuvre. Et, s'il est bien géré, c'est un atout au service de la cure. Soit il décide d'adresser sa patiente à quelqu'un d'autre. »

Michaël Stora :
« Il y a dans le personnage d'Ariane une dimension hystérique. Cela induit souvent un schéma avec une mère absente, et un père avec qui il y a un potentiel de séduction. C'est la base même de la problématique hystérique, avec la culpabilité qu'il y a derrière. Les patientes hystériques – mais ça peut aussi être des hommes – vont énormément tester les limites de l'analyste et chercher à le séduire. Freud en avait une peur bleue. »

En effet, quand le Dr Dayan rapporte l'incident à Esther, celle-ci lui conseille vivement de confier la jeune femme à un autre analyste, « quelqu'un qui a plus de distance ». La superviseuse convoque l'histoire personnelle du praticien, dont le père, neurochirurgien, a quitté son épouse pour une de ses jeunes patientes épileptiques (l'un des symptômes de l'hystérie). Elle lui suggère qu'il est peut-être en train de reproduire inconsciemment un schéma, alors que son couple bat justement de l'aile. Mais il refuse d'abandonner l'analyse d'Ariane. C'est pourtant ce qu'il menace de faire en revoyant cette dernière, arguant que « trop de limites ont été franchies ». Mais elle revient la semaine d'après pour lui annoncer… qu'elle ne reviendra pas et qu'il s'agit de sa dernière séance (épisode 21). Aurait-il dû recommander la jeune chirurgienne à un confrère ?

Pas forcément, selon Marie-Laure Susini : « Si je l'avais en contrôle, je lui dirais de s'y prendre autrement. Il se protège trop, il est trop défendu, et Ariane le perçoit. Il résiste trop. Lacan disait : “La résistance, c'est la résistance de l'analyste.” Je crois qu'il devrait essayer de la renarcissiser un peu, cette femme en souffrance. Sans doute craint-il que ça fasse tout flamber, mais je lui conseillerais de tenter un petit compliment, ça calmerait peut-être le jeu, ça ferait descendre un peu la tension. »

Contre-transfert mal géré et dépassement du cadre de la thérapie

En se laissant embobiner dans le fil d'Ariane, le psy s'est peu à peu laissé dépasser par son contre-transfert. Il lui confie des éléments personnels de sa vie, finit par lui parler de sa propre mère dépressive, de son rapport à son père. Et, quand Esther demande à Philippe Dayan de lui décrire Ariane (épisode 15), trois semaines seulement après que celle-ci lui a fait part de ce qu'elle ressentait, ce n'est déjà plus la parole du thérapeute mais bien celle d'un homme épris qui s'exprime. « Elle a 33 ans, elle est extrêmement belle. Courageuse, déterminée, blessée, mais fière. Ça donne encore plus envie de la prendre dans ses bras pour lui permettre de se reposer un peu. Elle a de l'esprit, beaucoup d'esprit. Une capacité incroyable d'abandon, ça se voit à son rire. Elle peut se laisser aller à son rire (…), ça fait comme une cascade qui se répand dans tout son corps. »

Dayan fait désormais clairement d'Ariane un objet de fantasme, comme l'illustre le début de l'épisode 16. Alors qu'il vient de commencer une séance avec elle, il laisse son esprit divaguer et imagine la jeune femme avec Adel Chibane. Tous deux sont dans son cabinet, sur le point de faire l'amour, sans jamais quitter du regard la caméra, qui figure le point de vue de Dayan dans son fauteuil. Aucun autre personnage de *En thérapie* n'est autant vu au travers du regard des autres qu'Ariane, qui nourrit nombre de conversations et de projections. Celle de Chibane, qui la qualifie d'« avion de chasse ». Celle d'Esther, qui aborde largement son cas dans le cadre de sa supervision. Et même celle de Charlotte, la femme de Dayan, qui déclare que la chirurgienne (qu'elle n'a jamais rencontrée) lui rappelle celle qu'elle-même était quand elle a rencontré son mari.

Le psychanalyste a donc pleinement conscience de la fragilité de sa patiente quand elle pousse à l'improviste la porte de son cabinet (épisode 26), alors qu'elle lui avait pourtant fait ses adieux. D'autant qu'elle vient parler de son père, qu'elle a revu et qui souffre d'un cancer de la prostate. Dayan considère-t-il alors qu'elle est toujours en thérapie ? Ou bien s'est-il déjà affranchi de son rôle quand il quitte son fauteuil pour aller s'asseoir à côté d'elle sur le divan ? « Je crois qu'il est temps que vous le sachiez. C'est mutuel. J'ai des sentiments pour vous. Je pense à vous souvent. Vous me manquez même, parfois. Bon, pour être honnête, vous me manquez tout le temps. C'est étrange, ça n'a pas l'air de vous réjouir », ajoute-t-il, voyant que la chirurgienne est désarçonnée.

Quelques jours plus tôt, s'en référant à Freud, Esther avait pourtant mis Dayan en garde : « Qu'est-ce qui te rend si sûr que cela [l'amour d'Ariane] t'est adressé ? » De fait, Ariane semble désorientée. « Je me sens bizarre. C'est quoi, on n'est plus en thérapie ? Là, on fait ce qu'on veut ? » Dayan lui livre une anecdote personnelle : collégien, il était amoureux d'une de ses professeures, qui a fini par lui proposer de l'embrasser, pour le confronter à la réalité. « Je me suis enfui. »

> **Sophie Aouillé** :
> **« Parfois, il est utile de donner quelque chose de soi. Cela peut servir la cure en permettant au patient d'envisager les choses sous un angle différent. »**

De fait, la confidence du praticien amène Ariane à évoquer sous un autre jour sa relation sexuelle avec Serge, quand elle avait 15 ans. « Je pensais qu'il allait me sauver, qu'il allait me faire oublier tout mon

passé. » En lieu et place de la première fois romantique qu'elle s'était imaginée, « c'était dégueulasse ». Spontanément, ce souvenir en convoque un autre, a priori sans lien. Quand elle était interne en pédiatrie, elle raconte avoir dû prodiguer une ponction lombaire à un petit garçon. « J'ai enfoncé l'aiguille, il n'a pas crié, il m'a juste regardée comme ça, en silence. Mais j'ai quand même lu dans son regard que je l'avais trahi. »

Laurence Croix, psychologue à Saint-Mandé (94) sur le blog *La Psychanalyse en série* :
« Tout cela a l'air décousu, mais l'hypothèse freudienne de l'inconscient permet justement de réintégrer de la cohérence et de la logique. C'est la méthode des associations libres inventées par Freud. C'est par cette logique propre à l'inconscient que le sujet pourra se découvrir lui-même. »

Ariane vient de réaliser qu'elle était à peine sortie de l'enfance quand elle a fait pour la première fois l'amour avec un homme qu'elle tenait pour un père de substitution. Même si, du point de vue du droit, ce n'est pas un abus : à 15 ans, elle avait atteint la majorité sexuelle.

La jeune femme s'approche ensuite de Dayan pour l'embrasser, mais il se dérobe. « Serge ne vous a pas sauvée (…), il a brisé votre capacité à dialoguer avec les hommes autrement que sexuellement. (...) Je ne peux pas être celui qui vous trahira de la même façon. » Quand Ariane quitte le cabinet, il refuse qu'elle le paye. « Ce n'était pas vraiment une séance. »

Des psychanalystes qui franchissent la ligne rouge et couchent avec leurs patientes, il en existe. L'une des histoires les plus célèbres est celle de Carl Jung avec sa patiente Sabina Spielrein, auquel Philippe Dayan fait une fois allusion. David Cronenberg l'a mise en scène au cinéma dans *A Dangerous Method*, un film de 2011, avec Michael Fassbender et Keira Knightley.

Philippe Dayan n'écoute pas l'avertissement d'Esther Gaget : « Il n'y a pas de délai de prescription. Un patient reste un patient pour toujours. » Quand il rappelle Ariane après l'avoir croisée aux obsèques de Chibane, où le père du défunt les a d'ailleurs pris pour un couple, il a bien pour projet d'entamer une relation amoureuse avec la chirurgienne. Elle lui donne rendez-vous chez elle. Elle lui ouvre, pas du tout apprêtée. Ils décident de se tutoyer et Ariane met les pieds dans le plat : « Je suis qui pour toi, Philippe ? Je ne suis plus ta patiente, je ne suis pas non plus ta maîtresse, on n'est pas vraiment amis. » Elle le met en garde : « Je veux plus être le cobaye dans le cabinet du Dr Dayan (...), je ne suis pas en séance. On n'est pas là pour décortiquer mes réactions. » Après lui avoir juré qu'elle ne voulait plus « utiliser le sexe pour éviter les sentiments », elle l'invite à la suivre dans sa chambre.

L'étreinte n'aura pas lieu : Dayan fait « une crise d'angoisse carabinée » (même adjectif que celui utilisé plus tôt pour qualifier le transfert d'Ariane) et court chercher refuge chez Esther à qui il raconte, mortifié, ce qui vient de se passer. « Elle a dit qu'elle ne voulait plus utiliser le sexe juste pour fuir les problèmes, qu'elle voulait construire. Et, m'attirant dans son lit, elle s'est servie du sexe pour me renvoyer, moi, à mes problèmes.— Oui, il y a un gros paradoxe là-dessous. Mais Ariane me semble avoir fait un bond considérable dans sa thérapie. C'est un immense succès clinique », estime Esther.

Comme la plupart de ses consœurs et confrères interrogés, **Sophie Aouillé** juge sévèrement l'attitude du praticien :
« Je trouve que Dayan ne tient vraiment pas sa place de psychanalyste, c'est quand même une faute éthique. Il m'est arrivé d'entendre des femmes qui ont été séduites par leur analyste et qui ont eu une histoire avec lui. Cela fait des dégâts parce que cela ne leur permet pas de résoudre ce pour quoi elles sont venues et qu'elles vont traîner avec elles. Cela interrompt de fait le fil de l'analyse. »

Michaël Stora :
« La potentialité d'un passage à l'acte du thérapeute, le fait qu'il apparaisse comme un être humain, ça a été l'un des principaux sujets de curiosité de mes patients après la diffusion de *En thérapie*. Normalement, un patient ne veut pas savoir ce qui se passe dans la chambre des parents, mais il le fantasme. Quelque part, la série a représenté cette scène primitive de la sexualité parentale, qui est l'un des fantasmes fondateurs de la vie psychique, en la décalant. »

Adel

Policier, Adel Chibane s'est retrouvé en première ligne lors des attentats du 13 novembre 2015. C'est ainsi qu'il passe la porte du cabinet du Dr Dayan le 17 novembre 2015, à 10h. En faisant quelques pas dans la pièce, il semble accaparer l'espace, jette un coup d'œil par la fenêtre. « Il y a des règles ? Un protocole d'action ? » D'emblée, la tension est installée : bien qu'il se rende de lui-même dans le cabinet du Dr Dayan, il ne semble pas vraiment disposé à partager ses pensées.

Une situation assez classique, analyse sur son blog **Caroline Bernard**, psychologue-psychanalyste dans le 19e arrondissement de Paris : « Il place d'emblée le personnage dans la position du sujet qui ne veut rien (sa)voir de sa situation mais acculé par ses symptômes, il vient en consultation : résistant au dispositif et plein d'espoir que l'analyste trouve la solution telle une baguette magique. En cela il est terriblement banal et nous permet de nous identifier à lui. [...] Des défenses d'autant plus robustes qu'il fallait absolument tenir parce que la pression professionnelle était encore plus importante. »

L'agressivité comme résistance

Adel Chibane semble alors vouloir mettre Dayan à l'épreuve : d'abord, celle de deviner son métier rien qu'en l'observant. Il le reprend vertement quand le psy évoque le GIGN, confondant police et gendarmerie. Lui appartient à la BRI, brigade de recherche et d'intervention (aussi appelée antigang), qui combine une action contre le grand banditisme (filatures, interpellations...) et une force d'intervention sur Paris. Elle était au cœur de l'intervention policière le soir des attentats, prise sous les tirs nourris des terroristes du Bataclan.

Michel Bruno, psychologue clinicien et psychanalyste dans le 10e arrondissement de Paris : « Attaquer l'analyste, sur sa capacité, sa théorie, sa manière de travailler, ça existe. Ça dit quelque chose d'une inquiétude profonde de ce que va pouvoir réussir l'analyste, c'est ce qu'on appelle des tests : "est-ce que vous êtes capable de", il faut faire travailler le contre-transfert, surtout ne pas prendre ça pour soi, mais interroger cette inquiétude », explique **Michel Bruno**, qui a été policier pendant 25 ans, avant de reprendre un cursus universitaire complet de psychologue et de s'installer en tant que psychanalyste.

Cette réticence, cependant, n'est pas à rapprocher de son statut de policier, qui le met au quotidien dans une position d'autorité, analyse **Ludovic Gadeau**, psychologue clinicien et docteur en psychopathologie.
« Les réticences psychiques au travail psychanalytique ne sont pas corrélées au statut socio-professionnel des patients. Elles sont liées à l'organisation psychique individuelle et au système défensif du patient. Par contre, l'attente (voire l'exigence) de certains patients quant à un résultat rapide peut être formulée par certains, pas avec les attentes consuméristes du "client- roi", mais plutôt en lien avec l'inquiétude de ne pas connaître ou comprendre les ressorts du

travail psychothérapique dans une approche psychanalytique[1]. Enfin, la difficulté à livrer une part de son intimité, ou à évoquer des pans de son histoire personnelle qui semblent sans lien avec la souffrance actuelle du patient peuvent faire l'objet de questionnements dubitatifs ou incrédules du genre : "Mais quel rapport ça (les relations que le patient a eues, enfant, avec sa mère ou son père, par exemple) a à voir avec mon stress quand je suis au travail ?" Ces résistances font partie du travail psychothérapique. »

« L'identité du métier, c'est un costume. Un costume, c'est un comportement adopté, c'est une imitation des autres, l'intégration dans un groupe, une identification. Là-dedans, il y a le bonhomme, la bonne femme, avec sa problématique personnelle. Les deux peuvent soit se compenser mutuellement, soit être en difficulté l'un par rapport à l'autre », résume **Michel Bruno.**

[1] Voir Gadeau L. (2017). *Être parent aujourd'hui. Comment la psychologie peut vous aider au quotidien.* Paris : Editions In Press, notamment le chapitre 9 : « Si on allait voir un psy ».

Le test passé, il explique à Dayan ce qui l'a convaincu : la veille, alors qu'il courait avec un ami, évoquant les événements du Bataclan, il a perdu connaissance. Tout en détaillant les situations très dures dans lesquelles il peut se retrouver, et toujours dans l'agressivité envers Dayan (« Vous faites partie de ces gens qui refusent de voir la réalité en face »), Adel Chibane ne cesse de répéter : « C'est mon métier. »

> « Il y a un côté "dans le devoir", qu'on ne retrouve pas que chez les policiers, mais chez tous ceux qui sont dans les services publics et qui se sont investis d'un devoir, comme les gens qui travaillent dans les hôpitaux, les soignants, les enseignants. Le travail déborde en séance et prend beaucoup de place à certains moments. Ce sont des gens qui sentent que, s'ils ne sont plus là, ça ne marche plus », estime **Caroline Bernard**, dont le cabinet, situé dans le 19e arrondissement de Paris, accueille des patients qui ont été directement confrontés aux attentats, et notamment un policier, qui se trouvait dans un bar proche de ceux où ont eu lieu les fusillades.

La psychanalyste Sandrine Vialle-Lenoël raconte, dans un témoignage livré à *L'Obs*[2], comment elle a, par hasard, rencontré dans un train un policier en service après l'attaque du Bataclan, et qu'il s'est confié à elle, sans connaître son métier. « Impossible de montrer à quel point on a été touché. On tient, on veut être fort. En tant que policier, on a une position à tenir », lui confie-t-il alors, chuchotant aussi qu'il « comprend » le suicide de certains policiers.

Un massacre effacé

Au fur et à mesure des épisodes, le traumatisme vécu par ce personnage lors des attentats est un fil qui, tiré petit à petit, va dévoiler d'autres événements, en rappeler un autre, complètement refoulé. Adel Chibane a grandi à Bordeaux, où son père, décrit comme sévère et taciturne, était boulanger, avant de venir s'installer à Aubervilliers, en banlieue parisienne. Il évoque d'abord la mort de sa mère quelques années auparavant, « le plus grand choc que j'ai eu de ma vie ». Il évoque ensuite le voile qui est apparu devant ses yeux alors qu'il progressait dans le Bataclan, pris à la gorge par l'odeur du sang.

Dans un premier temps, Adel Chibane est dans le passage à l'acte impulsif, décidant de quitter sa femme. Il se place dans une relation de rivalité avec le psychanalyste en ayant une aventure avec Ariane, la patiente du lundi pour laquelle Dayan sera prêt à gravement transgresser les règles de l'analyse. Il fait preuve d'une grande agressivité envers Dayan, qui souvent ressurgit en résistance dans des instants-clés de la séance. Mais celui-ci ne cesse de recadrer le patient, le remettre au travail sur la vraie raison de sa présence dans ce cabinet. « L'histoire de votre famille est l'objet réel de notre séance aujourd'hui », lui rappelle-t-il durant la troisième séance. C'est une photo, alors, qui intéresse particulièrement le psychanalyste. Une photo d'Adel Chibane avec son père, à 6 ans,

[2] *En thérapie : Julien, ce patient que j'ai aidé sans qu'il le sache. L'Obs*, 1er août 2021.

victoire des forces gouvernementales avec la reddition de l'Armée islamique du salut (AIS) et la défaite en 2002 du Groupe islamique armé (GIA). En dix ans, les violences ont fait entre 60 000 et 150 000 morts, ainsi que des milliers de disparus. Cachés avec son père et sa mère, ils échappent au massacre. Une fois les terroristes partis, son père le porte pour s'enfuir, lui couvrant les yeux, comme le voile qu'il a ressenti au Bataclan. Mais il a tout entendu. Et senti l'odeur du sang « comme au Bataclan ». Un souvenir qu'il semble avoir complètement occulté avant cette terrible nuit du 13 novembre.

Un souvenir peut-il de cette façon être enfoui dans la mémoire ?

en Algérie, où il était pourtant persuadé de n'être jamais allé. Une photo affichée depuis toujours chez son père, sur le mur, mais qu'il lui a semblé découvrir pour la première fois. « Vous aviez vu juste. J'y suis allé, en Algérie. Et pas qu'une fois. J'ai passé tous mes étés dans le village de ma grand-mère jusqu'à mes 7 ans. Je suis un blédard en fait. » Cette photo ensoleillée est une clé qui ouvre sur un autre événement : le massacre entier de la famille de son père alors qu'Adel n'avait que 7 ans. « C'était le mariage d'une de mes cousines. Il y avait tout le monde. » Une coupure de presse qu'il présente évoque un massacre à El Hajeb, qui a fait 211 morts, titrée « Un couple et leur garçon seuls rescapés ». Il pourrait s'agir d'une attaque du GIA. À l'époque des faits présentés, l'Algérie est en pleine guerre civile, ou décennie noire : des groupes islamistes affrontent le gouvernement algérien et son Armée nationale populaire (ANP). Le conflit s'achève par la

« Notre mémoire ne nous donne jamais accès à des événements passés tels qu'ils se sont passés. Elle ne fonctionne pas comme une mémoire d'ordinateur (laquelle conserve des traces qui ne sont que faiblement altérées par le temps, cette mémoire ne subit qu'une perte d'information liée au vieillissement du support). La mémoire humaine est en permanence remaniée par les expériences qui succèdent aux traces fixées dans le système nerveux sous forme d'engrammes. Par exemple, les traces d'un événement vécu, et vu, par une personne, peuvent être remaniées et déformées par le discours que l'entourage tiendra sur cet événement ou par la lecture d'un roman qui aborde une question en lien avec le trauma, sans que la personne ne s'en rende compte », précise **Ludovic Gadeau**.

« Il y a parfois des choses qui émergent, des prises de conscience dans une séance. Les patients ont vécu des traumatismes, on peut le repérer dans un système de répétition, de ce qui se répète dans leur vie, dans une situation avec un homme ou une femme, un engagement affectif. On va chercher dans leur histoire personnelle, leur enfance, quelque chose qui s'est produit », explique **Hélène Elkaim**, psychologue clinicienne et psychanalyste, membre affiliée de la Société de psychanalyse freudienne.

Caroline Bernard :
« Le fait que ce soit plusieurs étés de suite qu'il ait oubliés, ça paraît fou, mais c'est quand même dans le cadre de la décennie noire en Algérie. Un tel traumatisme, les effets sont démesurés sur la psyché. Il y a quelques années, j'ai souvent reçu des jeunes, la trentaine, qui avaient vécu cette décennie noire là-bas. Ce sont des gens complètement traumatisés, mais pas forcément par des scènes de guerre ou violentes. Par exemple, une femme me racontait que pour elle, le signal de l'angoisse, c'était sa mère qui attend à la fenêtre que tout le monde soit rentré tous les soirs. »

Michel Bruno :
« Adel Chibane est un personnage très intéressant, il cumule beaucoup de choses : il représente quelque chose d'une réussite parfaite d'un petit gamin de banlieue ou de l'étranger, l'intégration totale dans la dimension républicaine, et, en même temps, la cicatrice profonde d'un traumatisme complètement refoulé, qui l'amène à avoir un tempérament qui a une apparence assez impulsive, caractériel, radical, et ça se justifie quand on comprend qu'il a été témoin du massacre de sa famille, mais qu'il l'a complètement refoulé. On voit ça beaucoup dans la question traumatique de la petite enfance, un événement masqué par un souvenir écran, et une manière d'être dans le monde qui est toujours en interrogation angoissante.
La confrontation avec ce qu'il a rencontré au Bataclan est venu torpiller toutes les défenses qu'il avait construites. »

La difficile question du risque suicidaire

Lors de la cinquième séance, Adel Chibane annonce à son thérapeute qu'il a décidé de partir dès le lendemain en Syrie, pour combattre les djihadistes. « Je veux servir », dit-il. Il annonce avoir mis de l'ordre dans ses papiers, et avoir écrit des lettres, pour son épouse et ses enfants, « au cas où ». « Vous allez courir un risque très important, c'est une décision très lourde, le met en garde Dayan. Vous n'êtes pas obligé de faire ça, c'est un acte impulsif, décidé dans un moment de grande détresse émotionnelle. Il faut continuer à résister, à construire une alternative, elle existe », insiste-t-il, jusqu'à lui dire : « Je pense que vous faites une erreur. »

Ludovic Gadeau :
Il y a tout lieu d'être inquiet. On a là plusieurs des signes majeurs qui traduisent un risque suicidaire très important, voire imminent : situation de rupture ou d'isolement progressif (séparation familiale), discours testamentaire (mise en ordre des papiers), scénarisation de l'acte suicidaire (ici, le scénario est à demi masqué) qui peut s'associer à une dénégation (« J'ai pensé à cela, mais je ne vais pas le faire »), et un apaisement affectif apparent qui entre en discordance avec le tableau clinique général.

On découvre quelques épisodes plus tard qu'Adel Chibane a été tué au combat, dans une prise de risques si inconsidérée qu'elle s'apparente, pour certains, à un suicide.

Michel Bruno :
« Adel Chibane est dans un désir de mort, de deux façons : désir d'aller tuer des islamistes, dans une double dimension de venger le Bataclan et en rapport avec son traumatisme. Et, en même temps, il a ce désir de mort pour lui-même parce qu'il y a quelque chose de profondément cassé, désespéré en lui. Lui va en Syrie pour casser de l'intégriste et en même temps pour y mourir, c'est-à-dire rejoindre sa famille.

Pour sa famille, c'est un suicide, que le thérapeute aurait dû anticiper, ce pour quoi elle décide de poursuivre Dayan en justice, procès que l'on suit dans la saison 2.

La question de la responsabilité du psychanalyste est ainsi posée. Philippe Dayan aurait-il pu, dû agir différemment ? Comment un psychanalyste réagit-il quand il décèle chez un patient un tel risque suicidaire ?

Caroline Bernard :
« C'est une chose à laquelle on pense, parce qu'on voit des gens qui sont très, très mal, et quand ça ne va pas, on pose souvent les questions des idées noires, du passage à l'acte. C'est plus fréquent quand on travaille en hôpital, dans les services d'urgence, mais en cabinet ça peut arriver. On est très vigilant là-dessus, on va dire au patient que si ça ne va pas, il peut rappeler, et que même si on ne répond pas tout de suite, on peut répondre peu de temps après. À l'automne dernier, il y a un patient qui m'a laissé un message très inquiétant un soir, vers 21h-22h, j'ai rappelé et j'ai fait intervenir chez lui les pompiers. J'ai dialogué avec lui, je lui ai dit qu'il n'était pas en état de rester seul, c'était un moment très angoissant. On m'a dit qu'il était pris en charge, après, ce n'est plus ma responsabilité, j'avais estimé que j'avais fait ce que je devais faire à ce moment-là »

Hélène Elkaim :
« À la fin de la séance, on peut parler au patient, par exemple lui dire "je ne vous sens pas bien", et lui conseiller un psychiatre. On peut aussi lui proposer une séance

plus rapprochée, dire "je voudrais vous revoir assez vite". C'est ce que je ferais. En libéral, il faut avoir un solide réseau, parce que la liste d'attente est assez dingue pour les psychiatres, et envoyer quelqu'un aux urgences, c'est compliqué, on ne peut pas faire ça comme ça. »

Ludovic Gadeau :
« Aux enfants et aux adolescents, on donne en préalable à la thérapie la garantie du secret, sauf pour les cas où on estimerait qu'ils se mettent en danger ou mettent des tiers en danger. Le risque suicidaire est un des cas où on dérogera au secret en informant les parents et en envisageant une hospitalisation en service de pédopsychiatrie ou de pédiatrie. Concernant les adultes, c'est plus délicat. On peut évaluer que la mise en danger de soi est telle qu'une hospitalisation est nécessaire. On peut aussi estimer que le désir de ne plus vivre peut être travaillé dans l'espace thérapeutique. Dans tous les cas, le thérapeute doit faire avec l'angoisse que le patient dépose en lui et la responsabilité qui dès lors lui échoit. C'est souvent au prix de nuits courtes et de week-ends peu reposants. Rares sont les psychologues ou les psychiatres qui n'ont pas dans leur carrière été confrontés au suicide d'un de leurs patients ou anciens patients et restent avec la question de savoir ce qu'ils auraient pu faire, ou comment ils auraient pu faire autrement, pour que ce patient échappe à une telle fin. Cela nous renvoie à l'incapacité dans laquelle nous sommes quelquefois à traiter les blessures psychiques de certains patients. »

À la mort d'Adel Chibane, Philippe Dayan choisit d'aller à la cérémonie funéraire. Ce n'est pas interdit par le cadre psychanalytique, mais cela reste dans les faits assez rare, expliquent les psychothérapeutes interrogés. Certains ont pu aller à l'enterrement d'un patient qu'ils ont eu très longtemps en thérapie. Une psychologue confie, elle, le besoin pour l'équipe soignante d'aller à l'enterrement d'une patiente anorexique retrouvée décédée chez elle, un geste important aussi pour les parents de la jeune fille. Ou encore, la difficulté de se retrouver sans nouvelles d'un patient que l'on suit en fin de vie, la famille ne prévenant pas du décès. Le père d'Adel Chibane, lui, souhaite des explications, s'entretenir avec Dayan. Difficile, à ce moment-là, de respecter le secret professionnel.

Caroline Bernard :
« C'est vrai, souvent on se pose la question : "Est-ce que je vais tenir ?" Dayan, à mon sens, tient parce qu'il se dit : "Si je commence à dire, le père va se sentir responsable de la mort de son fils." Il tient sa langue pour deux raisons : l'éthique professionnelle d'abord, mais aussi pour le père qui se sent déjà responsable de la mort de sa famille entière. »

Camille

Camille a les deux bras dans le plâtre, mais elle annonce clairement : « Je ne suis pas malade. » Elle est entrée, s'est assise, souriante, sur le divan, a gardé son blouson de sport : elle n'est pas là pour une thérapie mais pour une formalité. Elle a besoin d'une contre-expertise, à la demande des assurances, après « l'accident », un accident qu'elle résume à ce moment-là ainsi : « Un conducteur m'est rentré dedans. » Il est 11 heures ce mercredi 18 novembre 2015, les forces de l'ordre ont mené le matin même l'assaut contre l'appartement de Saint-Denis où s'étaient retranchés les organisateurs des attentats qui ont ensanglanté Paris quelques jours plus tôt, et Camille n'a pas l'intention de s'éterniser dans ce cabinet. Mais le récit qu'elle fait de sa rencontre quelques jours plus tôt avec une première psychologue envoyée par l'assurance alerte le praticien. Camille raconte que l'entrevue l'a « stressée », que ça a « mal tourné » et qu'elle lui a « mal parlé ».

« Qu'est-ce qu'il a de particulier cet accident ? », interroge le psychanalyste alors que Camille dit ne rien avoir gardé en mémoire. « Apparemment, j'étais en vélo et il y a cette voiture qui m'est rentrée dedans mais je n'ai aucun souvenir. »
Après quelques minutes d'échanges avec le thérapeute, où elle semble méfiante, elle finit par se présenter, déroulant son CV d'un trait : « Je m'appelle Camille Berthier, j'ai 16 ans, je fais de la natation depuis l'âge de 7 ans, j'ai été championne de France junior au 50 m dos à 14 ans, double championne au 100 m dos et au 400 m libre l'année dernière. Je suis au club de La Garenne, mais, depuis cette année, je fais partie de l'équipe de France. Je suis fille unique. Qu'est-ce que vous voulez savoir de plus ? Ah oui, les épreuves de sélection pour les JO commencent dans quelques mois, et on me considère généralement comme un espoir de médaille olympique pour la France. Je suis pas dans la merde », conclut-elle en montrant ses bras plâtrés.
— Et à part ça ? relance Dayan, comment vous vous sentez dans la vie en général ?
— Super bien, genre hyper-décontractée, lâche Camille. Mais ça ne me plaît pas du tout, le côté confessionnal, là, téléréalité, relance-t-elle, de plus en plus agacée. »

Une ado à fleur de peau

Elle fait finalement mine de partir, en colère, persuadée que Dayan a discuté avec sa mère dans son dos, que le thérapeute a déjà des idées toutes faites sur elle. « Vous avez parlé avec ma mère ! J'aurais mieux fait d'écouter mon père, il m'avait prévenu que les psys étaient tous tordus. »

Véronique Barfety-Servignat, psychologue et psychanalyste à Lille :
« L'enjeu d'une thérapie avec des adolescents, c'est de leur garantir un espace de parole qui soit le leur. Effectivement, c'est important de pouvoir rencontrer les parents de temps en temps au cours de la psychothérapie. Il vaut mieux le faire d'entrée de jeu, les rencontrer afin de poser les règles du cadre. »

Julie Mortimore Billouin, psychothérapeute et psychanalyste à Paris :
« C'est souvent la mère qui est en demande de consultation pour les enfants, mais on demande à ce que le père soit d'accord, c'est très important qu'il ne soit pas contre la démarche. Après, le clinicien doit faire avec le parasitage du parent, qui veut savoir ce qui s'est dit, ce qui s'est passé. C'est lui qui paye la séance, donc il pense qu'il a le droit de savoir. »

Laelia Benoit, pédopsychiatre :
« Il arrive fréquemment que les deux parents ne soient pas d'accord avec la thérapie, surtout dans les cas de divorce où la thérapie peut être instrumentalisée dans le conflit. Souvent, on travaille quand même avec ça, on reçoit l'enfant. Mais ça fragilise un peu les choses parce qu'il peut être pris dans un conflit de loyauté: "Est-ce que, si je fais confiance à mon psy, je suis en train de trahir mon père ou ma mère ?" Mais ce n'est pas une contre-indication : ce n'est pas parce qu'il y a un seul des deux parents qui amène l'enfant qu'on ne va pas le recevoir. »

La situation familiale de Camille est en effet conflictuelle : ses parents sont divorcés depuis plusieurs années, elle vit avec sa mère, qu'elle décrit de façon très négative, et voit très peu son père qui habite à l'étranger mais qu'elle idéalise (« la seule personne qui me comprend, on est connectés »). La natation et son entraîneur Nico semblent constituer son principal refuge.

Corinne Tyszler, pédopsychiatre :
« La façon dont elle ménage son père m'a posé question. Généralement les enfants vont plutôt ménager celui qu'ils estiment le plus faible des deux parents, le plus vulnérable. Dans le cas de Camille, il semblerait que ce soit la mère qui occupe cette place. Quand on ménage quelqu'un, on se ménage toujours soi… Peut-être veut-elle éviter de se rendre à l'évidence que son père n'est pas une personne fiable. »

Il est aussi apparu au fil de la séance que tout le monde n'est pas convaincu que l'accident de Camille en soit vraiment un, que

l'experte psychologue pense que Camille pourrait l'avoir provoqué et que même la mère de la jeune fille s'interroge.
Le Dr Dayan, lui, amène doucement Camille vers une thérapie, sans prononcer le mot, mais en lui expliquant qu'il devra la voir deux ou trois fois avant de livrer un rapport.

Dans les premières séances, les échanges restent tendus, Camille contestant régulièrement, parfois de façon véhémente, les méthodes ou la position de Dayan.

> « La conflictualité qui va se retrouver avec l'analyste, elle est transférentielle, l'ado rejoue sa propre conflictualité avec ses parents », explique **Véronique Barfety-Servignat**.

La jeune fille décrit son quotidien avec une certaine vulgarité : sa mère est une « conne », les autres nageuses sont des « petites putes hypocrites », qui veulent juste « baiser » avec l'entraîneur.

Laelia Benoit, pédopsychiatre :
« Les adolescents sont effectivement réactifs, mais c'est rare qu'ils soient impolis en consultation. Ils ont parfois des réactions assez viscérales, mais, du coup, assez sincères. Ils vont chercher l'ancrage, l'assise de l'adulte. "Est-ce que vous êtes hypocrite, est-ce que vous pensez ce que vous dites ? Est-ce que vous êtes vraiment une personne qui peut m'aider ?" La série insiste sur les mots grossiers, mais cela ne correspond pas à mon expérience. Ce qui est réaliste, c'est le côté "parler vrai". Avec les ados, on n'est pas là pour faire du bla-bla. S'ils comprennent qu'il y a des ficelles, ça les agace – à juste titre – et ils le montrent. »

Corinne Tyszler, pédopsychiatre en CMP :
« Le transfert quand il s'agit d'adolescents n'est pas le même qu'avec les adultes. En général, un adulte s'adressant à un psychanalyste estime que cette personne sait quelque chose sur ce qui l'embarrasse, sur son symptôme. Un adolescent ne rentre pas du tout dans le transfert comme cela, d'ailleurs, généralement ce n'est pas lui qui demande à venir, comme dans le cas de Camille. Il ou elle peut rester très longtemps dans une opposition, attaquer non seulement le cadre mais le thérapeute lui-même. Dans la série, Dayan ne se démonte pas, il accepte les impertinences de sa jeune patiente.

> Attaquer le savoir du psy, c'est une façon de percevoir si la personne à qui il s'adresse ne va pas s'en trouver déstabilisée pour pouvoir dans un deuxième temps lui accorder sa confiance. Comment faire crédit à un psy qu'on ne connaît pas quand on ne peut plus le faire à ses propres parents ? Les adolescents ont donc besoin d'être dans une opposition avant de vérifier qu'au fond, leur colère, leur agressivité ne va pas démonter la confiance et l'écoute que leur accorde le psychanalyste. »

Dans le même ordre d'idée, Camille « teste » aussi le psy quand elle arrive trempée et qu'elle doit se changer et donc se déshabiller. Dayan fait alors intervenir sa femme qui aide la jeune fille, ce qui est une façon de rassurer Camille.

Chassé-croisé sur le divan

Camille tente des diversions en interrogeant Dayan sur sa vie privée, en essayant de l'inquiéter sur sa fille dont elle lui montre le compte Instagram. Son discours tourne autour de sa relation avec son entraîneur Nico, sa femme Rachel qui est comme « une seconde maman » et leur fille Zoé que Camille gardait souvent. Mais des non-dits planent. « J'ai l'impression que vous avez peur de me dire quelque chose », avance Dayan. Dès la deuxième séance, il se doute que la jeune fille a eu une relation sexuelle avec l'entraîneur : il n'en dit rien à Camille mais en parle à Esther, sa superviseuse.

C'est au cours de la troisième séance que la parole de Camille va devenir plus précise, après une séquence où patiente et psy inversent les rôles : elle s'assied dans le fauteuil du Dr Dayan qui lui s'allonge sur le divan. Et c'est la jeune fille qui l'interroge sur sa vie, sa fille. Cette séquence en forme de jeu de rôle, qui bouscule le cadre de la pratique, a beaucoup marqué les professionnels interrogés. Corinne Tyszler y a même consacré un texte sur le blog *La Psychanalyse en série*, où elle écrit notamment : « Dans cette scène, Camille fait surgir à son insu une apostrophe dans son versant symbolique signifiant un "Au nom de quoi", le Dr Dayan s'intéresserait-il à elle ? "Au nom de quoi" il ne serait pas comme les autres adultes à faire comme si, voire à transgresser les lois fondamentales. Le praticien non seulement accepte, sans l'avoir prévu, le jeu proposé par sa jeune analysante, mais consent également à battre en brèche sa posture de sachant en évoquant sa position paternelle vis-à-vis de sa propre fille. »

> « Ce qui est intéressant, c'est que c'est Camille qui lui demande de faire ce jeu de rôle, et c'est après qu'elle va pouvoir lui parler de sa relation à son entraîneur, nous précise le **Dr Tyszler**. En passer par le fait que c'est elle qui tient les rênes, qui mène le jeu en quelque sorte, va lui permettre de dire ce quelque chose d'inavouable. »
>
> **Laelia Benoit**, pédopsychiatre : « Dans cette scène, il accepte de ne pas être dans un rôle d'autorité, ça inverse complètement les rôles. Comme outil, ça ressemble à ce qu'on appelle le "psychodrame", où on joue, on sait qu'on est en train

de jouer, qu'on fait semblant, mais on joue avec quelque chose de vrai. Il parle de sa fille, il parle un peu de lui-même, d'une manière contrôlée, mais avec quelque chose qui va la toucher, elle, qui résonne avec ce qu'elle est en train de vivre. »

Julie Mortimore Billouin, psychothérapeute et psychanalyste à Paris :
« Avec des enfants ou des adolescents, on peut utiliser d'autres supports : les jeux, les dessins… Même si cette scène me semble un peu exagérée, c'est assez bien fait, car ça montre bien comment il utilise d'autres façons de faire, pour pouvoir nourrir le transfert, afin qu'il puisse se passer quelque chose pour elle, qui fasse qu'elle ait confiance. Ça montre l'inventivité du clinicien et à quel point il doit vraiment improviser sur le moment. »

Dans la foulée de ce jeu de rôle, Camille met des mots plus précis sur ce qui s'est passé avec son entraîneur. Elle raconte comment la maison de « Nico et Rachel » est devenue un refuge alors que la situation se dégradait chez elle. Et comment elle a « tout détruit » : « Je sais très bien ce que vous pensez – "il a abusé d'elle" –, mais vous avez tout faux, Nico c'est pas un de ces pervers, c'est un mec classe. Il m'envoyait de plus en plus de messages. J'ai compris qu'il était amoureux de moi le jour où j'ai remporté mon titre de championne de France. [...] Il n'a jamais voulu coucher avec moi. » Ce qui arrive pourtant, alors que Rachel est absente et qu'ils dorment dans le même lit… « Une nuit, je me suis réveillée, lui non plus ne dormait pas. Et alors, on l'a fait cette nuit-là. J'ai rien senti. C'est comme si j'étais pas là. »

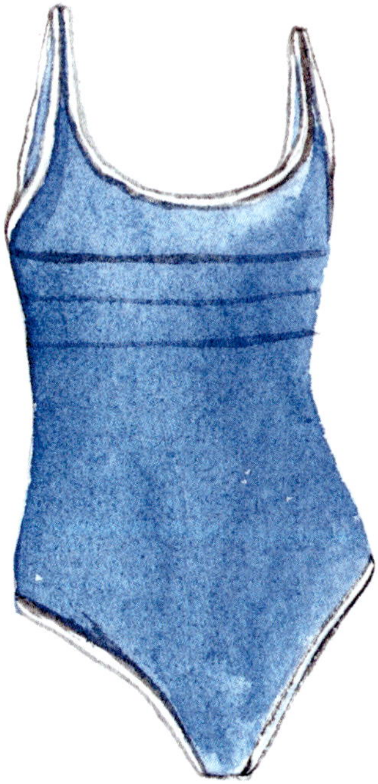

Le lendemain, Nico est distant à l'entraînement, et la critique sur ses performances devant tout le monde. Puis, le soir, il lui demande de ne rien dire de ce qui s'est passé. Quelques jours après, lors de l'anniversaire de Zoé, Rachel lui dit que c'est mieux de ne plus venir chez eux. « J'ai compris qu'elle savait pour Nico et moi. » Son accident survient cette soirée-là.

Laelia Benoit, pédopsychiatre : « Très souvent, les jeunes filles doutent d'avoir été abusées. Les abuseurs sont plus âgés et ils sont assez fins. Il y a souvent une différence de maturité intellectuelle, et un ascendant hiérarchique, qui fait que ces hommes-là peuvent influencer sans avoir recours à la violence physique. Cela entretient le doute chez les victimes, qui ne se souviennent pas d'avoir été physiquement forcées, alors qu'elles ont subi des violences psychologiques.
Dans les phénomènes de domination, elles ne se rendent pas compte que l'autre leur a fait du mal et surtout qu'il a une longueur d'avance. Il y a beaucoup de jeunes filles qui s'imaginent qu'il y a une réciprocité – "peut-être que ça va mal dans son couple à lui, qu'il y a une histoire d'amour"… S'imaginer que la relation est horizontale est aussi une défense : qui a envie de s'apercevoir qu'il a été manipulé ? Camille est ambitieuse, mais c'est une cible facile. Elle a déjà été "conditionnée" à être manipulée par son père, qui lui fait croire depuis des années qu'il l'aime alors qu'il la néglige en réalité. Elle manque d'affection et a besoin de protection : qu'un homme s'intéresse à elle, d'être déposée en voiture à ses rendez-vous, de recevoir des conseils sur sa carrière de nageuse. Les prédateurs savent quelle fille cibler dans un groupe : celle qui a manqué d'attention, qui cherche un papa, qui a besoin d'être portée. »

Corinne Tyszler, pédopsychiatre en CMP auprès d'adolescents :
« Ces cas de figure, nous les voyons assez fréquemment en CMP. Notre responsabilité est toujours engagée : est-ce qu'il faut signaler ou pas ? Est-ce qu'à 16 ans on a un consentement[1] ? Dans la série, on ne met pas de mots sur ce qui s'est passé pour Camille. Est-ce que c'est un détournement de mineur ? Un viol ? Une relation consentie ? Elle l'a sûrement mal vécu, puisque, un peu plus tard, lorsqu'elle dit avoir couché avec un autre garçon, celui-ci lui aurait dit qu'il avait "l'impression de coucher avec un bout de viande". On se dit que cette première expérience sexuelle a laissé sûrement des traces. Dans notre discipline, chaque patient est singulier. On ne peut pas faire de généralités. Une jeune fille peut être consentante sur le moment, et, après, se dire qu'elle ne l'était pas. Prendre le temps est nécessaire pour évaluer au cas par cas et en tirer les conséquences, y compris judiciaires. »

Camille n'a pas encore totalement encore fait la lumière sur les causes de son accident. C'est en refaisant lors d'une séance le récit du soir du crash qu'elle finit par conclure : « j'ai voulu me tuer » et embraye sur « je suis qu'une putain de dégénérée ».

Laelia Benoit, pédopsychiatre :
« On peut avoir des comportements dangereux pour soi, sans être conscient qu'en fait, on a envie de se détruire. Je pense qu'au début, Camille ne ment pas. Quand elle dit "je n'ai pas eu envie de me suicider", elle n'est pas en train de cacher quelque chose à Dayan, elle pense que c'est un accident. C'est en avançant qu'elle se rend compte qu'elle était dans un moment où elle était très bouleversée et qu'elle avait des idées de mort et des comportements autodestructeurs. »

Corinne Tyszler :
« C'est un mécanisme très classique, chez les ados comme chez les adultes, d'essayer de mettre à distance ce qui nous affecte le plus. Camille affirme ainsi qu'elle ne se souvient pas de l'accident. Mais ce dont elle ne veut pas se souvenir, c'est de ce qui s'est passé au préalable avec l'entraîneur et sa femme. Très souvent, en clinique, un traumatisme en dissimule un autre, Camille se sent responsable "d'avoir détruit une famille" comme elle le dira plus tard et aussi d'avoir perdu une figure maternelle en la personne de la femme de l'entraîneur. »

Un père qui tombe de haut

Dayan va ensuite lui faire davantage parler de ses parents, de ce père si absent et à qui elle trouve toutes les excuses, et de cette mère à qui elle ne passe rien. Peu à peu, le psy essaie de rééquilibrer ce regard.

[1] La loi du 21 avril 2021 a fixé à 15 ans, l'âge en dessous duquel il ne peut pas y avoir de consentement avec un adulte à partir du moment où la différence d'âge dépasse cinq ans.

« Pourquoi ne vous autorisez-vous pas à être en colère contre lui ? » demande-t-il à propos du père. Camille, n'est pas encore prête à revoir son jugement et dénonce la partialité des questions du psychanalyste : « C'est parce que c'est ma mère qui paye que vous êtes toujours de son côté. — Vous avez raison, c'est toujours elle qui paye », réplique Dayan, qui suspend la séance sur ce double sens.

Laelia Benoit :
« Dayan fait de la restructuration cognitive, c'est-à-dire qu'il montre à Camille les contradictions entre ce qu'elle dit et les faits. Un des points qu'il souligne à la jeune fille, c'est que sa mère prend les rendez-vous, paye les séances, s'occupe d'elle… Il parle de choses factuelles. Je ne trouve pas qu'il insiste de manière démesurée, mais, quand l'occasion se présente, quand elle dit une énormité sur son père ou sa mère, il pointe ces éléments contradictoires. Qu'elle réagisse en disant "vous êtes de son côté à elle", c'est ce qu'on appelle une défense. Ça chamboule son équilibre et sa vision des choses, on a tous tendance à se crisper dans cette situation. Mais il n'insiste pas plus que ça, il lui laisse faire son chemin. »

Corinne Tyszler :
« Se dire qu'on a affaire à un parent qui est un sale type, ce n'est pas évident. Donc, elle préfère charger

la mère qui est présente, qui fait comme elle peut, plutôt que de devoir s'avouer que son père n'est pas la hauteur. Dayan fait ce qu'on appelle une interprétation véritable, lui laisse entendre quel est l'objet réel de sa colère. Souvent, les enfants font des colères parce que l'adulte en face n'assume pas quelque chose de sa position de parent, une position symboliquement consistante, et c'est exactement le cas du père de Camille. »

À la séance d'après, Camille explique qu'elle a décidé de ne pas voir son père pour les fêtes, ce qu'elle n'ose pas lui dire. En parallèle, ses performances sportives après sa blessure ne s'améliorent pas. La trêve de Noël va faire aboutir le processus. La première séance de janvier commence par un esclandre avec le père : il est venu à Paris car sa fille ne lui répond pas depuis plusieurs jours et il tente de s'imposer dans la séance avec le Dr Dayan. Celui-ci temporise, le fait patienter, et s'assure que Camille est d'accord pour l'intégrer à la séance : la jeune fille lâche alors à son père tout ce qu'elle retenait jusque-là, le renvoie à ses absences, à ses lâchetés : « Tu peux pas entrer et sortir de ma vie quand toi ça t'arrange — Tu n'as pas idée à quel point je t'aime », tente son père. « C'est faux, on n'aime pas les gens qu'on connaît pas », réplique Camille, qui lui avoue sa tentative de suicide avant de le faire sortir du cabinet. « C'est ma thérapie, tu comprends, pars ! » C'est la dernière séance, Camille est guérie, elle a gagné une course et a décidé de quitter son club francilien pour rejoindre le Cercle des nageurs de Marseille. « Je crois que j'ai besoin de ça, m'occuper de moi-même. Sans ma mère, sans vous. C'est vraiment ça que je veux. »
Alors que Camille s'apprête à le quitter, le thérapeute lui offre une gravure, qui « représente un souvenir d'une étape de travail qui nous a amenés jusque-là. » Elle le serre dans ses bras et dit en souriant : « On brise toutes les règles. » Lui, répond, presque gêné : « Exactement. »

Corinne Tyszler :
« Cela fait probablement écho à la transgression de l'entraîneur : Dayan transforme cette transgression en quelque chose qui va lui permettre, en quelque sorte, lui-même de l'endosser, en la transformant bien évidemment, et en permettant à Camille d'aller sur les chemins de son désir puisqu'elle décide de partir dans un autre club et de continuer sa route. Enfin c'est ce que je propose comme hypothèse. Ajoutons, que cet acte du Dr Dayan n'est pas prémédité, il intervient dans le décours de la séance et semble faire interprétation. »

Damien et Léonora

« Ce qu'on veut savoir, c'est si on garde ce bébé ou pas ? »
Ce jeudi 19 novembre 2015, Damien et Léonora, jeune couple parisien, veulent une réponse. Ils sont venus voir le Dr Philippe Dayan car ils ne sont pas d'accord entre eux. Lui veut absolument garder ce nouvel enfant. Quant à Léonora, elle n'est pas certaine de vouloir revivre une nouvelle grossesse après la naissance de leur premier fils.

Cela fait déjà plusieurs séances que le jeune entrepreneur Dr Dayan. Mais, aujourd'hui, Damien ne veut plus discuter, il coupe le psychanalyste et menace de partir car les séances ne servent à rien. Trop de questions alors qu'il veut simplement une réponse : « On garde ce bébé ou pas ? »

« Le psychanalyste n'est pas là pour vous dire ce que vous devez faire comme s'il savait mieux que vous ce qui est le bien, commente **Clotilde Leguil**, psychanalyste, membre de l'École de la Cause freudienne, philosophe et autrice de *In Treatment - Lost in therapy*. Il n'est pas là pour incarner des normes ou pour indiquer quelles sont les marches à suivre pour bien se tenir. Si on suit Lacan, la fonction de l'écoute analytique et de l'interprétation des paroles, est de conduire le patient à s'interroger sur son désir là où il ne sait plus ce qu'il veut. Dans l'exemple de Léonora et Damien, le couple a tout fait pour avoir un enfant. Et, finalement, c'est au moment où ils y arrivent qu'ils se demandent s'ils le désirent vraiment. C'est un moment très significatif. C'est aussi ce que Freud avait pu repérer en parlant de "ceux qui échouent devant le succès". Le psychanalyste n'est ni un directeur de conscience, ni un tuteur. Il n'a pas pour but de normaliser les conduites, mais de permettre au sujet de s'interroger sur ses paradoxes, qui témoignent qu'il y a quelque chose d'inconscient qui agit en lui. Le psychanalyste est alors celui qui fait voie d'accès au désir, au désir de savoir et au désir inconscient. Il ouvre un chemin vers le questionnement sur l'identité, sur le "qui suis-je ?" ("qui suis-je ?", si je ne sais plus ce que je désire), et, en ce sens, la psychanalyse, ce n'est pas du coaching. »

Ce n'est donc pas au Dr Dayan d'arbitrer. Mais, face au jeune homme énervé, il décide de perturber le couple en répondant littéralement à la question : « D'accord, Mme Jeanneret devrait avorter. » Damien et Léonora en restent bouche bée car il savent bien que la réponse ne peut venir que d'eux, ce que confirme d'ailleurs le psychanalyste ensuite : « Mais bien sûr que non, ce n'est absolument pas à moi de vous dire si vous devez avorter ou pas. »

Finalement, la réponse va se présenter d'elle-même lors de l'épisode 8. Léonora ne se sent pas bien en milieu de séance. Elle remarque alors que du sang coule sur le divan du psychanalyste. Elle est en train de faire une fausse couche. Le couple quitte la séance en urgence tandis que le Dr Dayan appelle son épouse afin de l'aider à nettoyer le fauteuil.

C'est à se demander si cette fausse couche n'est pas le résultat de tous les doutes qu'avait la jeune femme sur sa grossesse. Comme le dit Lacan dans *Psychanalyse et médecine* (1966) : « Il y a un désir, parce qu'il y a de l'inconscient, c'est-à-dire du langage qui échappe au sujet dans sa structure et ses effets, et qu'il y a toujours au niveau du langage quelque chose qui est au-delà de la science, et c'est là que peut se situer la fonction du désir. »

« Sans être fréquent, cela arrive, et plus souvent qu'on ne l'imagine qu'une femme qui a eu recours à une ou plusieurs PMA décide, une fois enceinte, de ne pas garder l'enfant et donc d'avorter, commente **Vanessa Sudreau**, psychanalyste et membre de l'École de la Cause

freudienne. C'est un vrai paradoxe, mais, une fois l'enfant devenu plus concret, il n'est plus seulement un rêve ou un vœu, il devient réel. Ce n'est plus pareil, d'une certaine façon, il change de scène. On peut avoir tendance à oublier que la grossesse n'est pas que physique mais qu'elle est aussi psychique. Dans le cas de Léonora, elle n'était pas certaine de vouloir un autre enfant, mais peut-être est-ce avec Damien qu'elle n'en veut pas, ce que confirme leur séparation à la fin de la saison. L'aspect psychique a certainement pris le pas, et le corps a pris acte de ce vœu inconscient. »

Le couple décide de terminer la thérapie à la suite de cet événement. Léonora revient tout de même afin de régler les honoraires du psychanalyste. Elle se trouve face au fameux divan, nettoyé depuis. Elle le fixe longuement avant de décider de s'asseoir à nouveau dessus. Finalement, la thérapie va reprendre, le couple traversant une crise profonde.

« Le divan a beau être "le lieu du crime" puisque c'est là que s'est matérialisée la fausse couche, il existe et tient lieu de symbole de ce qui s'est passé : la tâche même nettoyée est signe de la fausse couche et elle fait partie du réel, souligne **Vanessa Sudreau**. Si le Dr Dayan avait proposé un autre fauteuil, il aurait fait comme si la fausse couche n'avait pas eu lieu. Or, il ne faut pas oublier que ce moment a existé et, de ce point de vue, il me paraît important de laisser à la patiente le choix de son assise, de la laisser faire. En revanche, là où il me semble un peu gonflé, c'est d'avoir appelé son épouse à la rescousse pour nettoyer la tâche, comme s'il s'agissait d'une affaire de femmes ! C'est quand même son travail, et ce travail n'est pas sans réel, pas sans le corps… »

« Si la réponse à la demande ne vient pas, on rentre dans la frustration, le manque. »

Lors du premier épisode, le psychanalyste questionne Damien. Pourquoi veut-il toujours savoir où se trouve son épouse ? Il s'ensuit tout un échange entre les deux personnages sur cette angoisse de Damien. Ce dernier va même s'auto-analyser en parodiant le psychanalyste. « Si la réponse à la demande ne vient pas, on rentre dans la frustration, le manque », dit-il. Ce à quoi le Dr Dayan répond : « Je vois que vous avez lu Lacan. »

En fait, cette phrase n'est pas tout à fait lacanienne car elle mélange les notions de frustration et de manque.

« Ce n'est pas exactement une citation de Lacan, mais cette réplique reprend certains termes lacaniens qui sont à distinguer, affirme **Clotilde Leguil**. Lacan établit une différence entre la frustration et le manque à partir de la demande. La frustration porte sur un objet qui est demandé et que l'autre refuse de nous donner. Le manque, c'est autre chose. Il ne relève pas de la demande mais du désir. Pour Lacan, éprouver le manque est une expérience qui touche l'être lui-même et ne renvoie pas à un objet en particulier. Lacan a critiqué la confusion chez les post-freudiens entre la frustration et le manque. Le terme de frustration vient de l'ego-psychology (psychologie du moi) qui s'est développée dans les années 1950 aux États-Unis. Il s'agit d'une pratique qui ne relève pas tant de la psychanalyse que de la psychologie, c'est-à-dire qui a oublié l'inconscient. La psychanalyse ne conduit pas tant à accepter la frustration qu'à consentir au manque et à en faire quelque chose. Elle fait émerger le désir dans sa dimension inconsciente, qui se définit dans un rapport au manque et non plus à la demande. Ce que je désire, il m'appartient de faire en sorte de le réaliser, de payer le prix pour l'accès à mon désir. Lorsque je découvre mon désir, je n'attends plus de l'autre qu'il réponde à ma demande. Je sais que je suis en mesure de faire en sorte d'assumer mon désir soit de “ne pas céder sur mon désir”, comme le dit Lacan. »

Même s'il est donc maladroit de la part du Dr Dayan de dire que cette phrase est typiquement lacanienne, elle est néanmoins intéressante puisqu'elle résume parfaitement le parcours que Damien fera tout au long de la série. En effet, pendant toute la première saison, il soupçonne

Léonora d'avoir un amant. Il l'espionne, l'appelle à son travail et va même jusqu'à enregistrer ses conversations. Mais tout cela, sans aucune certitude, ce qui entraîne sa colère. Et, lorsque Léonora lui avoue, dans l'épisode 29, qu'elle l'a finalement trompé, Damien n'a plus aucune colère. Il reste calme sur le divan de Dayan et, au contraire, éprouve de la tristesse pour la jeune femme.

« Cette réaction est tout à fait plausible et plutôt bien vue de la part des scénaristes, confie **Vanessa Sudreau**, psychanalyste et membre de l'École de la Cause freudienne. Cet événement donne même une indication en termes de diagnostic. Si Damien avait été dans un délire de jalousie par exemple, il y aurait eu un risque de passage à l'acte. Par exemple, il aurait pu être violent envers son épouse ou l'amant de cette dernière. Au contraire, dans la scène, il est comme sidéré, l'angoisse paraît être tombée avec l'agitation, on dirait presque un réveil. Il n'est plus dans cette dimension hyper-agitée qui tient au fantasme d'être trompé. Ce fantasme faisant entrer le tiers dans la logique du couple est ce qui semble permettre à Damien de supporter l'angoisse en y substituant un drame (le fantasme de la tromperie), il se fait des sensations avec ça, et loge d'une certaine façon sa partenaire à une place grâce à ce fantasme. Le passage à l'acte de Léonora coupe la logique du fantasme, la dynamique du sujet. En cela, c'est un réveil. »

Damien, l'écorché vif

Dès le premier épisode, on découvre donc un Damien nerveux, angoissé à outrance. Il dit au Dr Dayan s'inquiéter pour elle car les attentats du Bataclan se sont déroulés une semaine plus tôt. Cependant, cette inquiétude est mêlée de colère et il ne peut s'empêcher de laisser des reproches sur le répondeur de son épouse. Il va même jusqu'à appeler sa belle-mère. Sitôt raccroché, il ne manque d'ailleurs pas de dire tout le mal qu'il pense de sa belle-famille au psychanalyste.

« Dans les problèmes de couple, souligne **Vanessa Sudreau**, c'est plutôt rare qu'on ne parle pas aussi de la famille, parce que les parents, les frères et sœurs sont les premiers protagonistes avec qui se nouent les liens de tendresse, d'amour, de sensualité et, également, d'agressivité. Ce sont nos premiers partenaires. Au fondement de l'amour, il y a-une identification à l'autre, ou à son désir. On se mêle imaginairement à l'autre plus ou moins identifié à lui, plus ou moins en capacité d'accueillir son altérité, le fait qu'il soit différent de soi, ou qu'il veuille autre chose, etc. On le voit très bien avec Damien qui a une vision narcissique de l'amour, il tolère mal l'énigme que représente sa femme pour lui, il camoufle cette énigme avec ce fantasme de tromperie qui le déborde. Cela éclaire en partie le fait qu'il réagisse violemment envers sa belle-famille. La belle-famille représente cette altérité, elle met en exergue le fait que Léonora n'est pas toute dédiée à Damien, qu'elle lui est, pour une part, étrangère, qu'une part d'elle lui échappe. »

L'agressivité de Damien ne s'arrête pas à la famille de Léonora. Quand son épouse arrive enfin, il ne cesse de lui faire des reproches. Il va même porter toute sa colère sur le psychanalyste (ou « Dayan » comme il l'appelle familièrement) jusqu'à dire qu'il va le « cogner » (épisode 19).

« Il arrive que des patients soient agressifs, surtout dans le cadre d'un moment délicat à passer dans le travail analytique, commente **Vanessa Sudreau**. Qu'une part de l'insatisfaction soit mise au crédit de l'analyste peut permettre à un patient de dépasser une fixation, et d'avancer. La plupart du temps, ces marques d'agressivité sont logées dans une formation inconsciente, par exemple un rêve, un lapsus malencontreux. Il peut y avoir du transfert négatif sans que le travail soit empêché. Malheureusement, s'il n'y a plus que cela, que l'analyste ne parvient pas à déjouer le conflit inconscient ou que l'agressivité tend à se manifester sous la forme directe de menaces à la personne de l'analyste (et non plus seulement à sa fonction), il n'y a alors plus guère de possibilité de travail. Ici, l'agressivité rapportée au personnage de Damien rend le personnage intéressant. Le Dr Dayan lui dit d'ailleurs qu'il doit arrêter d'être dans le jugement afin de pouvoir commencer le travail. C'est tout à fait vrai, même si, en réalité, un analyste ne l'aurait sans doute pas mentionné aussi explicitement au patient car, pour que puisse apparaître la fonction de ce jugement incessant chez Damien, il faut le laisser se déployer et trouver le bon moment pour intervenir, non pas tant par l'explication qui bouche, que par la coupure qui ouvre, ou la mise en lumière d'un mot qui se répète quand il est pris dans ce jugement, et qui interroge... Ne perdons pas de vue cependant qu'il s'agit d'une série, et que, si certaines choses semblent évidentes

> pour des praticiens, la série quant à elle délivre en même temps que ces tranches de vie, un savoir sur “la chose psy”, au grand public… »

Damien va même dépasser les bornes en milieu de saison. Après une dispute avec Léonora sur le divan du psychanalyste, celle-ci décide de partir du cabinet. Damien dévoile alors qu'il enregistre sur un magnétophone toutes les séances à l'insu de son épouse et du Dr Dayan. Le psychanalyste le lui reproche immédiatement : « Ceci est inacceptable. » Cependant, l'affaire est vite étouffée et la séance reprend.

> « C'est dommage que le Dr Dayan ne rebondisse pas avec davantage de fermeté sur cet acte, commente **Vanessa Sudreau**. Il me semble qu'il ne lui donne pas la portée qu'il mérite. De mon point de vue, il aurait pu arrêter là cette séance, car elle est un passage à l'acte qui met en exergue le symptôme de Damien : lui qui ne veut rien perdre de l'autre, qui ne peut rien laisser échapper, à tel point qu'il est obsédé par le fait de perdre… »

Damien n'a néanmoins pas le monopole de l'agressivité. Son épouse, sous ses airs calmes de prime abord, n'est pas en reste. On peut voir le couple se disputer violemment dans l'épisode 14 et même se frapper lors de la séance suivante. Et à chaque fois, le psychanalyste ne dit rien et laisse faire.

> **Vanessa Sudreau** :
> « Là Dayan est quand même un peu atone, pour ne pas dire mou, il recule devant son acte. Pour moi il attend trop quand le couple se dispute. Il laisse la colère s'expanser dans l'air, comme si, on dit cela parfois, il fallait que ça sorte… Que ça se dise, oui, mais pas n'importe comment, il y a des moments où il faut intervenir, aider les patients à élaborer, mettre en forme. Il me semble qu'il devrait freiner quelque chose, couper, interroger plutôt que de laisser ce discours prendre trop de consistance. »

Si on peut reprocher aussi au psychanalyste de ne rien faire face aux gestes déplacés du couple, il faut cependant être nuancé sur ces disputes. Dayan le dit lui-même : « Je peux tolérer les cris, mais pas les coups. » En effet, les cris dans un couple ne sont pas forcément négatifs.

> **Clotilde Leguil**, psychanalyste et philosophe :
> « Lacan disait à propos des couples : “Un homme et une femme peuvent s'entendre, je ne dis pas non. Ils peuvent, comme tels, s'entendre crier.” C'est un constat à la fois ironique et profond. Un homme et une femme peuvent s'entendre crier dans la jouissance, lors d'une relation sexuelle, et croire à partir de là qu'ils ne forment qu'un. Mais un homme et une femme peuvent aussi se disputer, car ils ne parviennent pas à faire Un. Lacan fait valoir qu'il y a toujours quelque chose de l'ordre d'un malentendu fondamental entre deux êtres, dans l'amour. »

Le collier, symbole de rectification subjective

Lors de l'épisode 29, Damien se retrouve seul avec le Dr Dayan. Léonora est encore en retard, bloquée au téléphone pour le travail. Le jeune homme s'est beaucoup calmé et, comme il le dit lui-même, il a décidé de devenir bien plus docile avec son épouse. Il profite d'être seul avec le psychanalyste pour lui raconter une histoire qui lui est arrivée.

Noël approchant, le jeune homme est entré dans une bijouterie afin d'acheter un collier à sa femme. Cependant, au moment de payer, la vendeuse a utilisé le mot « chaîne » pour parler du cadeau, ce qui n'a pas manqué de perturber Damien, à tel point qu'il a décidé de ne pas acheter le bijou. Il explique au Dr Dayan que ce mot « chaîne » l'a bloqué. Il y a vu un sens, celui de tenir Léonora prisonnière au bout d'une chaîne, évidemment en référence à son attitude possessive. Et Dayan de répondre qu'il suranalyse les événements. Il n'aurait peut-être pas dû se poser de question et simplement acheter le collier.

Pour **Vanessa Sudreau**, Philippe Dayan a fait ici une erreur : « Quand Damien se pose des questions au sujet du collier, se produit un moment que nous, analystes, appelons après Lacan "une rectification subjective". C'est un moment très précieux à

partir duquel le travail analytique commence vraiment, le sujet s'y montre attentif, et non plus seulement défensif, à ce qu'il produit : ses rêves, ses actes, ses pensées… C'est intéressant que le bijou, symbole d'amour, devienne par le mot "chaîne" quelque chose qui le regarde et qu'il ne veut plus. Jusque-là Damien savait tout ce qu'il avait à savoir, il ne s'interrogeait pas, ce qui venait de l'autre était en trop. Ici, la rectification subjective, c'est ce moment où émerge le questionnement chez la personne. Damien n'est plus sûr de lui, il est rattrapé par un doute, un vacillement en lui-même. Ici, un simple acte de la vie quotidienne devient quelque chose qui l'interroge et cela signe l'entrée dans le travail. C'est alors essentiel de reconnaître cette dimension auprès du patient et non de le "corriger". Là, pour moi, c'est vraiment un recul devant l'acte de la part de Dayan ; la dimension de l'inconscient se manifeste dans l'équivoque du mot "chaîne", et Dayan gomme cette dimension. Là, il faut l'avouer, il n'est pas à la hauteur de l'Acte analytique. »

Cette notion de rectification subjective vient de Lacan dans son colloque *La Direction de la cure et les principes de son pouvoir*, écrit en 1958. Il définit ce moment comme « (ce) qui va de la rectification des rapports du sujet avec le réel, au développement du transfert, puis à l'interprétation ». On voit donc bien l'évolution de Damien dans la série : cet homme empli de certitudes qui croit en savoir plus que le psychanalyste finit par se questionner et va finalement se révéler le membre du couple le plus ouvert à la psychanalyse à la fin de la saison. Cette scène du collier est donc un passage charnière pour le personnage de Damien… et pourtant, le psychanalyste l'occulte totalement.

« Dayan aurait pu couper la séance à ce moment-là, commente **Vanessa Sudreau**. Malheureusement, il passe à côté en lui disant de ne pas trop s'embêter avec les paradoxes, alors que c'est le vif de notre pratique. Là, il n'est pas très lacanien ! »

Les blagues de Léonora

Si le personnage de Damien ne cesse d'évoluer au cours de la saison, Léonora n'est pas en reste. On découvre tout d'abord une jeune femme posée, la tête sur les épaules. C'est d'ailleurs Léonora qui a demandé à ce que son couple consulte le psychanalyste, sur les conseils d'un ami. Cependant, elle arrive systématiquement en retard (ce qui ne manque pas de rendre Damien suspicieux). À tel point que le Dr Dayan essaie d'y déceler un point d'attention : « C'est quelque chose dont vous êtes coutumière, les retards ? (...) Est-ce que je dois le prendre comme une sorte de réticence à nos entretiens ? »

Elle réfute la question. Il n'y a aucune défiance envers les séances. Au contraire, la jeune femme va même se confier ouvertement : « Je ne me sens pas du tout capable d'aimer un nouvel enfant. » Elle a peur de refaire un baby blues comme après la naissance de Robin, leur premier enfant. Cependant, à la fin de son discours

poignant, elle avoue avoir tout inventé. Elle rit même d'avoir dupé non seulement son mari mais aussi le psychanalyste. Elle ne cessera de dire de « petits mensonges » tout au long des séances qu'elle qualifie de blagues à chaque fois.

Vanessa Sudreau :
« C'est assez formidable car Léonora est totalement dans la maîtrise, elle contrôle tout. Avec sa fausse histoire, elle embarque tout le monde, que ce soit Damien ou le psychanalyste. À la fin, quand elle annonce que toute cette histoire n'est qu'une blague, ce n'est évidemment pas anodin. C'est même l'histoire de sa vie. Enfant elle a été affectée par les blagues que lui faisait sa sœur pour se moquer d'elle, le mot même de "blague" charrie avec lui toute cette histoire infantile de rivalité des sœurs, du surpoids, des humiliations... Aujourd'hui, elle semble croire qu'elle va pouvoir traiter son mal-être en faisant à son tour des blagues, mais ce qu'elle ignore encore, au moment de cet épisode, c'est que par les "blagues" on dit parfois plus de vérités que dans le moment où l'on se croit sincère. Lacan dans le Séminaire XVII indique d'ailleurs que la vérité ne peut être que mi-dite, on ne peut pas la dire toute. »

Les moqueries dont parle Vanessa Sudreau font référence à l'épisode 24 de la saison 1 au cours duquel Léonora révèle au Dr Dayan son enfance. La jeune fille avait un problème de surpoids pendant toute sa jeunesse et était l'objet de railleries, notamment de sa sœur, Agathe, jugée plus jolie qu'elle. Léonora mentionne une scène l'ayant profondément marquée. Agathe avait un correspondant allemand au lycée. Lors d'un échange scolaire, ce dernier est venu en France pour vivre quelques temps dans la famille de Léonora. Les deux sœurs sont alors allées à la gare afin de l'accueillir. Seulement Agathe a d'abord laissé Léonora se montrer seule. Quand cette dernière est arrivée face au correspondant, elle a pu lire la déception dans les yeux de son interlocuteur, déception disparue quand Agathe a finalement fait son apparition.

Vanessa Sudreau :
« Les complexes de l'enfance marquent toujours durablement nos vies. Après qu'on s'est moqué d'elle enfant, Léonora ne cesse pas de vouloir s'assurer qu'elle est maintenant objet de désir, elle semble transformer ce moment traumatique où elle a chu dans le désir de l'autre en percevant la déception dans son œil, moment qu'elle semble à la fois répéter (avec ses blagues) et réparer. Elle répète sans cesse quelque chose, cette séduction, qui a une logique secrète, son trauma d'enfance. »

On voit en effet que Léonora essaie de plaire au Dr Dayan, elle le drague littéralement en lui demandant : « Est ce que vous me trouvez désirable ? » Ce terme revient d'ailleurs à plusieurs reprises puisqu'au sujet de Damien, elle dit qu'il a peur « car il sait que je suis désirable ».

Il ne faut cependant pas uniquement faire une analyse trop rapide comme le souligne **Vanessa Sudreau** :
« On ne peut pas non plus conclure que ce besoin de plaire proviendrait exclusivement des traumas de l'enfance. Les analyses demandent un long cheminement, et, si Dayan avait conclu à un symptôme lié intégralement à un complexe de l'enfance en si peu de séances, il aurait été un bien mauvais praticien pour l'inconscient. D'ailleurs, il ne le fait pas, même s'il se doute que ces événements de l'enfance ont compté et ont été déterminants. Avec Léonora, il maintient par le silence la voie ouverte pour qu'elle-même puisse interpréter son désir, son inconscient… »

Le père, élément déterminant

Justement, il y a eu un élément déterminant comme le raconte elle-même Léonora : c'est la mort de son père. Il s'est fait faucher par une voiture alors qu'il allait chercher une gaufre avec sa fille. Un événement tragique qui a marqué la jeune femme. À la suite de cet événement, elle est tombée en dépression et a arrêté de manger.

Clotilde Leguil, psychanalyste et philosophe :
« Il y a quelque chose à interroger dans le personnage de Léonora par rapport à la question du deuil. Freud considérait que la mort d'un père est l'événement le plus bouleversant qui peut arriver dans une vie, le drame le plus poignant d'une vie, comme il l'écrit. C'est la perte de son propre père qui le conduit à s'intéresser à ses rêves et à ses cauchemars. L'expérience du deuil d'un père l'a amené à s'interroger sur son inconscient. Le premier livre de Freud, en 1900, *L'Interprétation des rêves*, est de l'aveu même de Freud marqué par cet événement intime. On voit qu'il y a quelque chose de très conflictuel chez Léonora dans son rapport aux hommes et que, derrière ce conflit, il y a ce qui s'est noué depuis le rapport au père. »

Vanessa Sudreau :
« La mort de son père, par un cheminement contingent et tortueux

a “réglé” le problème de l’obésité pour Léonora. Elle a fait son deuil en maigrissant. Cela n’a cependant pas empêché que surgisse un violent sentiment de culpabilité chez la jeune femme. »

C’est cette culpabilité qui va accompagner le personnage de Léonora pendant toute la seconde partie de la saison 1 de la série. Elle ne cesse de se faire du mal, à commencer par son rapport avec Damien. Quand celui-ci prend peur face aux menaces de divorce, il devient attentionné, tendre avec elle. Ce n’est pas ce qu’elle veut. Elle dit au Dr Dayan regretter l’époque où Damien était violent, notamment lors des actes sexuels. Elle dit se sentir plus en sécurité dans cette violence et semble perdue entre la jouissance, la souffrance, le plaisir et son désir.

Clotilde Leguil :
« Le concept de jouissance chez Lacan n’est pas identique à la notion de plaisir. Lacan a conçu la jouissance à partir de ce que Freud découvre en 1920 et qu’il conceptualise dans son article *Au-delà du principe du plaisir*. Dans cet article, il démontre qu’il y a dans la logique de la pulsion quelque chose qui pousse le sujet à rechercher le plaisir, mais aussi ce qui va au-delà, c’est-à-dire à rechercher ce qui va transgresser les limites du plaisir, et s’avérer n’être plus recherche du plaisir mais recherche de la destruction. Au fond, il y a une poussée au plus-de-plaisir, qui se renverse en souffrance, en plaisir dans la souffrance. C’est ce que Freud appelle la pulsion de mort. Pour en revenir à Lacan, la jouissance comprend à la fois la pulsion de vie et la pulsion de mort. À cet égard, il considère que l’hédonisme est une escroquerie. Quand on recherche seulement le plaisir, toujours plus de plaisir, on va aussi à la rencontre de la souffrance et de la destruction. La recherche du plaisir ne peut donc pas orienter l’existence, au sens fort de lui donner une orientation. Car cette recherche a pour seul but la satisfaction pulsionnelle. C’est pourquoi le but de la psychanalyse n’est pas de rencontrer son plaisir, mais son désir. Dans le cas de Léonora, elle a perdu de vue son désir. Elle ne sait plus si elle désire cet enfant ou pas. De la même façon, elle trompe Damien mais elle ne sait pas non plus si c’est vraiment ce qu’elle désirait. En trompant, elle s'aperçoit qu’elle se trompe aussi elle-même sur ce qu’elle veut, car elle ne sait plus ce qu’elle désire en tant que femme. Elle constate qu’elle est prise par une instance en elle qui la pousse à se faire du mal, faute d’assumer un désir. Le désir, c’est tout l’inverse, c’est ce qui fait que le sujet va tenir à distance la pulsion de mort et aller du côté du vivant. »

Le Dr Philippe Dayan ne s’y trompe pas. Selon lui, Léonora cherche à s’humilier afin d’obtenir l’absolution de la mort de son père. « Il y a quelque chose au fond de vous qui désire être puni. En faisant tous ces efforts pour changer, Damien ne vous a plus donné satisfaction de ce côté-là. »

Vanessa Sudreau :

« L'analyse, la construction du psychanalyste est ici très intéressante. Cependant, elle n'a pas forcément à être communiquée au patient ainsi, directement, car cela pourrait obturer sa propre recherche. Dans les années 1910, Freud pensait qu'on pouvait partager la construction avec son patient. Cependant, dans les années 1930 il considère qu'il ne faut plus la partager, elle guide l'acte de l'analyste, certes, mais elle n'a pas à venir comme court-circuit de l'association libre du patient. En communiquant trop, et en donnant une version établie par l'Autre, on risque en effet de court-circuiter l'élaboration du patient. Pour que les patients puissent prendre la pleine mesure de la cure, il faut tirer les fils de cette construction. *In fine* celui qui construit c'est le patient, et celui qui interprète, c'est l'inconscient. L'analyste doit savoir cela, c'est pour cela que, dans la cure, il est, selon Lacan, à la place du "sujet supposé savoir", et non à la place de celui qui sait. Ça fait une grande différence éthique. »

Finalement, Léonora comprend donc pourquoi elle se fait autant de mal, ce qui n'empêche pas l'issue finale du couple : la séparation. Alors que Damien termine la saison « réveillé » et sa thérapie terminée, elle ne semble que commencer pour Léonora qui se pense« malheureuse à vie ». Et à Philippe Dayan de répondre que peut-être la cure ne fait que commencer : « Vous n'êtes pas condamnée à être malheureuse, il y a un chemin plus ou moins long… »

Clotilde Leguil :

« Léonora constate qu'elle est en proie à une pulsion destructrice, et cela pourrait être le point d'entrée dans son travail analytique. La psychanalyse peut commencer lorsque le sujet s'aperçoit qu'il est dans une impasse. Léonora a fait le constat qu'elle se donnait beaucoup de mal pour se rendre le plus malheureuse possible. Et maintenant qu'elle a dit ça, elle prend à son compte la façon dont elle se détruit. Ce qui cause une telle malédiction est énigmatique pour le sujet lui-même. Comme le disait saint Paul : "Je vois le bien mais je fais le pire." Il faut consentir à parler de cette expérience trouble pour s'en sortir. Ce qui est intéressant chez Léonora, c'est qu'elle peut assumer cela elle-même, elle peut dire que ce n'est pas de la faute de l'autre si elle souffre, mais qu'il y a quelque chose en elle qui se répète et qui fait qu'elle est confrontée à ce qu'elle détruit elle-même de son propre désir. L'analyse peut commencer lorsque le sujet s'aperçoit qu'il est sans recours par rapport à ce qu'il se fait subir à lui-même et qu'il a besoin d'en parler à un Autre pour interpréter ce qui lui arrive. »

Inès

Ce lundi 18 mai 2021, quand le Dr Philippe Dayan s'assied dans la vaste salle de réunion d'un cabinet d'avocat, c'est lui qui vient consulter. Il est en pleine tourmente, accusé de négligence auprès d'un de ses patients, Adel Chibane, l'un des protagonistes de la première saison, mort en Syrie où il s'était subitement rendu pour combattre les djihadistes. Le psychanalyste écoute alors les conseils avisés d'une avocate qui le prépare pour sa défense. Et, tout au long de ce rendez-vous, il s'interroge, persuadé de l'avoir déjà rencontrée.

En effet, il s'agit d'Inès. Cette jeune fille d'origine malienne a bien changé depuis leur première rencontre. Elle était venue le voir il y a vingt-trois ans, quand il exerçait encore une fois par semaine au planning familial. La future avocate n'avait alors que 16 ans et était tombée enceinte. Elle avait décidé d'avorter en cachette de ses parents à la suite de son entrevue avec le psychanalyste.

Or, Inès, devenue une femme sûre d'elle et qui a réussi professionnellement, veut reprendre les consultations avec le psychanalyste. Dayan est tout d'abord récalcitrant, mais elle a un argument de poids : « Vous me devez un enfant. » Elle répétera cette phrase lors de leur première séance alors que Dayan ne cesse de lui dire que ce choix ne revenait qu'à elle.

> « L'analyste n'est pas là pour prendre une décision à la place du patient, commente **Clotilde Leguil**, psychanalyste et philosophe, membre de l'École de la Cause freudienne. Lacan le souligne très bien, il n'a pas à imposer son idéal de vie à son patient. En revanche, il est là pour que le patient puisse s'interroger sur son désir. »
>
> Pour **Camilo Ramirez**, lui aussi psychanalyste et membre de l'École de la Cause freudienne :
> « Souvent les patients attendent que le psychanalyste délivre un savoir car ils ne sont pas en position de déchiffrer eux-mêmes ce qui cloche dans leur vie, autrement dit leurs symptômes. Le psychanalyste accepte que cette demande de savoir leur soit adressée, mais pour aussitôt la retourner au patient afin que celui-ci se mette au travail et produise lui-même les clés de sa souffrance.
> Dans le cas d'Inès, le confinement lui a rappelé des souvenirs de l'enfant qu'elle n'a pas eu et elle a maintenant des regrets. Son premier réflexe est de dire au psychanalyste que c'est à cause de lui. Elle lui impute un acte qu'elle a posé elle-même, mais qu'elle ne parvient toujours pas à assumer vingt-trois ans plus tard. »

La question de la norme

Cependant, l'attitude d'Inès change à la fin de la première séance. Ce n'est plus Dayan qui lui doit un enfant, mais elle-même qui doit un enfant à ses parents. Ces derniers sont très insistants sur la question, l'avocate étant l'aînée de trois frères et la seule qui n'est pas mariée avec des enfants. Comme le mentionne Inès dans la série, elle ne respecte pas la tradition de sa famille : elle n'est pas dans la norme.

Et cette norme ne se limite pas qu'à la question de la descendance, car Inès est aussi en couple, mais n'ose pas en parler à sa famille. L'homme qu'elle fréquente, Simon, est breton, et sa mère ne supporterait pas d'apprendre qu'elle ne partage pas sa vie avec un Malien. D'ailleurs, un autre membre de la famille d'Inès en a déjà fait les frais : sa tante Awa. On apprendra au cours de la saison que cette tante a été rejetée par sa famille car elle était en couple avec un homme blanc. C'est donc bien cette question de norme qui est au cœur du personnage d'Inès. Elle ne représente pas un archétype de ce que sa famille et même la société voudrait qu'elle soit. Dans la version américaine de la série, *In Treatment*, le personnage correspondant à Inès s'appelle Mia. Pur produit new-yorkais, c'est aussi une avocate accomplie qui a avorté très jeune. Et elle subit aussi les reproches de sa mère, non pas à cause de ses origines, mais parce qu'elle continue les aventures d'un soir au lieu de se poser et d'avoir un mari et des enfants.

> « La psychanalyse est une pratique où la singularité est la boussole et non pas la norme, commente **Camilo Ramirez**, psychanalyste. La norme ici est présente dans ce que l'on transmet au niveau des valeurs et des idéaux familiaux. On peut se retrouver coincé dans ce qui semble être un idéal positif mais qui est en fait écrasant.
> La norme ne doit pas être le repère pour le désir. La psychanalyse permet d'assumer le désir dans ce qu'il a de plus singulier.
> Néanmoins, il ne faut pas voir la norme comme quelque chose de mal. Pour beaucoup de personnes une vie normée peut être une solution. Être sur des rails permet à certaines personnes d'avancer sans se poser trop de questions. C'est en quelque sorte une façon de se protéger. Et pour d'autres personnes la norme peut s'avérer une prison.
> Dans le cas d'Inès, la norme a beaucoup à voir avec le principe d'aliénation. Elle est aliénée au désir de l'Autre, celui de sa famille. Et ce qui intéresse Dayan, ce n'est pas tellement le poids de cette tradition, mais pourquoi elle se force à l'adopter sans oser s'en décaler. »

Bien souvent, la norme va donc venir de la famille, comme le souligne si bien la phrase que va dire Inès à la fin de sa première séance : « Je dois un enfant à mes parents. »

> Pour **Vanessa Sudreau**, psychanalyste et membre de l'École de la Cause freudienne :
> « C'est ce que l'on appelle la surdétermination et elle est en partie inconsciente : les motivations qui semblent être les nôtres sont souvent celles que l'on a reçues, et on les fait siennes ou on les refuse, de façon plus ou moins consciente. Souvent une crise peut survenir quand un patient commence à se questionner sur ces motivations : sont-elles vraiment les siennes, le sont-elles encore ? Celles-ci proviennent bien souvent de l'Autre même si ce n'est pas explicite, l'analyse peut permettre de mettre à jour son désir à l'aune de celles-ci : Ce que je croyais vouloir, est-ce que je le veux encore ? À quoi correspond cet idéal ? Par exemple, pour Inès, le souhait d'avoir un enfant semble lié à de la dette parentale, à la transmission familiale.
> On revient sur la place de la femme en tant que mère. Dans la théorie lacanienne (et freudienne), l'enfant est à la mère ce que le phallus est à l'homme : un objet symbolique. Cela implique, encore aujourd'hui, même si les temps changent, que la valeur d'une femme est très liée à la

question de la maternité, à l'enfant, dans les représentations des hommes comme des femmes d'ailleurs... »

Clotilde Leguil, psychanalyste et philosophe :
« On aperçoit que le désir d'enfant n'est pas inscrit comme un programme, qui relèverait de la nature ou de la culture et qui serait universalisable. Devenir une femme, ce n'est pas nécessairement devenir mère. Toutes les femmes ne désirent pas avoir un enfant, et, lorsqu'une femme désire un enfant, elle éprouve aussi la dimension contingente de ce désir, qui s'articule à une rencontre dans son existence, ou à un certain rapport à la temporalité. Il y a ainsi une distinction pour Lacan entre devenir femme et devenir mère. Il disjoint à certains égards la question de la féminité de celle de la maternité, se différenciant sur ce point de Freud. Pour celui-ci, le devenir mère vient résoudre un certain rapport au manque chez le sujet féminin. Lacan ne le nie pas, mais affirme que le manque subsiste et même doit subsister. Car le manque est la condition de possibilité du désir. Donc, pour Lacan, il y a un au-delà de la mère, qui renvoie à la féminité. Le désir féminin ne se résout donc pas totalement dans le devenir mère. C'est un point important de distinction entre Freud et Lacan. Freud croyait que quelque chose du manque féminin était destiné à se résorber dans le devenir mère alors que Lacan montre que ce qui relève du désir et du rapport à l'amour nous introduit à un autre versant de la question féminine. Dans les années 1970, à la fin de son enseignement, Lacan ne s'intéresse plus tant à la mère, qu'à la jouissance féminine, qui confronte toujours une femme à un mystère. »

L'abandon de la mère

Finalement, c'est à force de creuser que le Dr Dayan réussit à percer le mystère autour du personnage d'Inès. Il sent que le cœur du problème est en rapport avec sa mère, et pourtant la jeune avocate se ferme totalement à chaque évocation de celle-ci. « Je n'ai pas de problème avec ma mère », s'énerve-t-elle sur le divan du psychanalyste. Et Dayan de répondre dans un trait d'humour : « Vous seriez bien la première. »

« Ce qui est amusant dans cette phrase, note **Clotilde Leguil**, c'est la dénégation. Freud l'a analysée dans un article célèbre, *Die Verneinung*, où il montre que, du point de vue de l'inconscient, le sujet peut dire ce qu'il ne voulait pas dire, mais en le niant. Par exemple, un patient fait un rêve où apparaît une femme. Il dit qu'il ne sait pas du tout qui est cette femme, mais ce qu'il peut dire, c'est que "ce n'est pas sa mère". Voilà une dénégation. Freud en conclut : donc c'est sa mère. En disant qu'elle n'est pas venue pour parler de sa mère, Inès fait entrer sa mère sur la scène. Sous couvert d'en parler par la négative, elle en parle tout de même. La question de ce que nous ont transmis nos ascendants est cruciale en psychanalyse. Le patient prend la parole depuis le lieu d'où il vient, depuis ce que Lacan appelle aussi le malentendu d'où je viens. Ce malentendu est constitué du bafouillage de nos ascendants, dit ainsi Lacan, soit de ce qui m'a été transmis et qui a marqué mon corps, mais que je ne peux déchiffrer. »

« Évidemment, la question de la mère est toujours importante dans une analyse, ajoute **Camilo Ramirez**. Dans ce cas particulier Inès préfère ne pas interroger l'incidence du désir de la mère sur le sien. Le psychanalyste se livre ici à un certain forçage pour dépasser son refus de savoir. Une psychanalyse permet de voir que parfois certains mots qu'on pense être nôtres viennent de l'Autre. On découvre la façon dont les actes et les choix de ceux qui se sont occupés de nous nous ont impactés. On repère la marque que cela a laissée dans notre façon de mener nos vies. »

Inès va finalement raconter son histoire – ou plutôt celle de ses parents. Son père, immigré malien en France, est retourné au pays à l'âge de 25 ans afin de trouver une épouse. Il rencontre la mère d'Inès, qui rêve de la belle vie dans l'Hexagone mais déchante vite à la vue des HLM de béton en banlieue parisienne. À la naissance d'Inès, elle tombe en dépression et repart au Mali, laissant sa fille à sa grand-mère. Inès ne reverra sa mère qu'une année plus tard.

Pour le Dr Dayan, cet événement est très important. « Les premiers moments entre un nourrisson et sa mère sont d'une importance déterminante, c'est ce qu'on appelle l'accordage. »

Clotilde Leguil :
« Ce terme d'accordage est un néologisme forgé pour la série dans sa version française. Ce que montrent Freud ou Lacan, c'est que le premier Autre que rencontre l'enfant, c'est la mère. Et la façon dont la mère va répondre à la détresse de l'enfant est fondamentale pour l'existence du sujet. Pour Lacan, ce qui compte c'est que l'enfant reçoive un soin particularisé de la part de cet Autre qui a voulu qu'il vienne au monde. Ce soin particularisé est ce qu'il appelle un désir non anonyme et donc un désir qui porte la marque des manques de la mère. Cette détresse précoce vécue par Inès, proche d'un laisser tomber, est un événement fondateur. »

Vanessa Sudreau :
« Nous, psychanalystes lacaniens, nous parlons plutôt d'aliénation. Il s'agit du premier lien entre le sujet et l'Autre, la mère et l'enfant par exemple. Avant d'être une domination, il s'agit d'une expérience d'humanisation : en prenant les mots qui viennent de l'Autre, l'enfant commence à se dire et se nommer, il élabore ses premières versions du monde, quitte à s'en séparer ensuite. Là où Dayan est plutôt fin lors de la séance, c'est

qu'il ne remet pas toute la faute sur la mère d'Inès. Il y a beaucoup de psychologues qui, par "empathie", vont abonder dans le sens du patient quand il désigne un coupable, cela sans doute pour faire "alliance" avec leur patient. Mais ce n'est pas une solution honnête, car, au travers de cette mère, la patiente parle en fait d'elle-même. Aussi, on comprend qu'à la laisser tout "reporter" de son drame sur le parent, à l'encourager en ce sens, on ne lui permet pas de lire sa propre implication dans la construction de son mythe personnel (et inconscient).
Dayan va plutôt rassurer Inès : en lui disant que sa mère est quand même revenue après un an, il n'anéantit pas l'Autre. Le psychanalyste ne l'invite pas à se séparer de sa mère, mais plutôt à clarifier sa situation à elle. Est-ce qu'Inès veut à son tour être mère ou pas ? Elle est là, la vraie question. »

Le psychisme de la grossesse nerveuse

« Je ne me sens pas très bien.
— Racontez-moi…
— Je suis enceinte. »

C'est ainsi qu'Inès annonce, dépitée, au Dr Dayan qu'elle est tombée enceinte. Cependant, elle ne se réjouit pas de la nouvelle, loin de là. Juste après avoir pris connaissance du résultat positif de son test de grossesse, elle trompe Simon avec un collègue de travail, comme si elle éprouvait le besoin de détruire ces instants de bonheur.

« Freud a théorisé le phénomène qui consiste à saborder son désir, s'organiser inconsciemment pour le mettre en échec, il l'a nommé névrose d'échec, commente **Vanessa Sudreau**.
Dans le cas d'Inès, je ne ferais toutefois pas l'hypothèse d'une névrose d'échec. Elle est plutôt brillante et s'est réalisée professionnellement. Sa névrose porte électivement sur sa vie amoureuse et son désir d'enfant : femme, mère, avocate… Tout cela peut-il se hiérarchiser, s'articuler ? En revanche, elle se met souvent en danger. La grossesse à l'adolescence, l'homme marié comme partenaire, coucher avec un collègue de travail : elle commet pas mal d'*acting-out*. Il s'agit d'une forme d'expression de la pulsion de mort, non au sens suicidaire du terme, mais plutôt au sens d'une haine de soi, d'une destructivité qui rompt l'élaboration. Il y a un concept très impliqué dans ces positions, c'est le surmoi. Cette instance symbolique mais peu propice à la dialectique s'impose au sujet et étouffe son désir sous un impératif, le sujet se sent comme obligé de quelque chose sans avoir la sensation de l'avoir choisi. Le personnage d'Inès me paraît éclairer ce concept qui, dans notre modernité, fait pas mal de ravages… »

Le Dr Dayan n'est pas dupe. Il parvient durant la séance à ce qu'Inès lui dise ce qu'elle ressent réellement, pour que finalement elle lâche : « Je ne serai peut-être

pas la meilleure mère du monde, mais je ne laisserai pas mon bébé. »

Malheureusement, on apprend lors de la séance suivante qu'il s'agissait en fait d'une grossesse nerveuse, une fausse conception (pseudocyesis) selon le terme médical. Ce phénomène reste très mystérieux, puisque le corps de la femme agit comme s'il portait un enfant. Le symptôme le plus courant est l'absence de menstruations. Mais on peut aussi observer des dérèglements hormonaux, une prise de poids, un ventre gonflé, et certaines femmes peuvent même ressentir des mouvements et coups à l'intérieur du ventre.

« La grossesse nerveuse est un phénomène très énigmatique, souligne **Vanessa Sudreau**. La grossesse est toujours psychique en même temps qu'elle est corporelle. Par exemple, à l'opposé de la grossesse nerveuse, il y a le cas du déni de grossesse. J'ai eu une patiente de 16 ans qui était enceinte, mais elle ne le savait pas, et vivait tout à fait normalement. Son ventre était totalement plat, elle avait toujours ses règles. À 6 mois et demi de grossesse, elle apprend qu'elle est enceinte. Il y avait un déni psychique qui se répercutait jusqu'au corporel. À partir du moment où elle a fait une prise de sang et que la grossesse a été confirmée, son ventre s'est

arrondi très rapidement, ça m'a beaucoup troublée.
Tous ces phénomènes conduisent à être extrêmement modeste sur ce que l'on sait de la grossesse. On ne doit jamais écarter l'aspect psychique. Pour Inès, elle se croit enceinte et donc son corps a produit des hormones de grossesse.
On peut aussi citer le cas des fausses couches. Bien souvent, on en ignore la raison. Ça peut évidemment être biologique, mais finalement on ne sait jamais vraiment pourquoi la fausse couche survient. Il se peut que ce soit des propos que la personne a entendus bien des années auparavant et qui remontent pendant la grossesse, par exemple. On ne saura jamais si c'est réellement la cause, mais finalement peu importe, ce qui est important c'est que le corps du sujet soit noué avec son histoire, et éventuellement à celle de l'enfant à venir. »

On peut évidemment imaginer l'état de détresse d'Inès quand elle apprend qu'elle n'était pas enceinte. Elle est d'ailleurs complètement perdue et refuse même de pleurer car : « Je ne peux pas pleurer un bébé qui n'a jamais existé, je ne peux pas pleurer un fantôme. »

Dayan relève ce terme de « fantôme », qui n'est pas anodin. Pour lui, ce mot n'est pas associé à un être surnaturel, mais à un mort qui réapparaît dans notre monde sous une autre forme, n'ayant pas dit tout ce qu'il avait à dire.

« Les femmes qui ont avorté, même si cela a été un choix déterminé, n'oublient pas cet événement car celui-ci a marqué leur corps dans le réel, affirme **Clotilde Leguil**. Elles y repensent souvent, se demandant quel âge aurait l'enfant s'il avait vécu. Du point de vue psychique, l'enfant a existé à un moment, même s'il n'est pas né. Du simple fait d'en avoir parlé, il a existé et est entré dans le monde symbolique. C'est pour cela que le terme de fantôme est très juste. Sur un autre registre, Lacan a fait une place au fantôme, notamment à partir de la pièce de Shakespeare, *Hamlet*, pièce qui est aussi une référence importante pour Freud. C'est une pièce qui s'ouvre sur l'apparition du fantôme du père de Hamlet. Ce fantôme le hante et fait qu'il n'a pas accès à son désir. La question du fantôme s'articule à celle de la perte et du deuil. »

L'interprétation du rêve

Lors de sa dernière séance, Inès parle d'un rêve qu'elle a fait la nuit précédente. Elle est dans son appartement avec sa mère et de l'eau se met à couler du plafond jusqu'à devenir une véritable inondation. La jeune femme a beau vider tout ce qu'elle peut à l'aide de bassines, le déluge ne cesse de s'intensifier. Finalement, elle sort de son appartement et se retrouve dans un parc. Elle y rencontre sa tante Awa, assise sur un banc. Celle-ci lui murmure alors quelque chose à l'oreille.

Évidemment, l'avocate demande au psychanalyste la signification de ce rêve. « Ce n'est pas à moi de décrypter », lui répond Dayan. Il fait juste remarquer que « dans un rêve, il est fréquent que tous les personnages représentent le rêveur ». Mais il n'en dira pas plus, c'est à Inès de comprendre elle-même la signification de son songe. D'ailleurs, alors qu'Inès n'a pas entendu ce que lui murmurait sa tante à l'oreille, elle va tout de même interpréter ce qu'elle lui a dit : « Je lui fais dire ce qu'elle n'a pas pu me dire avant de mourir, de vivre comme je l'entends. »

« Ce rêve est très intéressant et plutôt bien vu, commente **Vanessa Sudreau**. Néanmoins, on ne peut pas interpréter un rêve, il n'y a pas de manuel pour cela, le rêve est lui-même une interprétation, une mise en forme de l'énigme. Dès qu'on parle d'un de ses rêves, on parle de soi-même. Il n'y a donc que le patient qui puisse trouver une interprétation à celui-ci.
En somme, il n'y a qu'Inès qui peut savoir ce que lui murmure sa tante Awa. Elle trouve une interprétation à la fin de la séance, mais peut-être que des années plus tard, elle interprétera le rêve d'une façon encore différente. En tout cas, son interprétation est sa vérité à cet instant précis de sa vie. »

Robin

Ce 19 mai 2020, la France est partiellement déconfinée depuis huit jours quand Robin s'assied pour la première fois sur le divan du Dr Dayan. De tous les patients de cette saison, le collégien est celui qui semble le plus inquiet de l'impact du Covid : il se désinfecte nerveusement les mains au gel hydroalcoolique et vérifie la distance entre sa place et le fauteuil du thérapeute, pour s'assurer que les gestes barrières sont respectés. Avant d'accepter d'enlever son masque, un masque Spiderman.

« La pandémie et le confinement ont décuplé beaucoup de symptômes obsessionnels, ainsi que des phobies de contamination. Il est important d'insister sur le fait que, pour la première fois depuis la fin de la Seconde Guerre mondiale, le visage de la mort a été jeté en pâture sur la scène mondiale, ce qui a saisi tout un chacun, raconte **Corinne Tyszler, pédopsychiatre** responsable d'un CMP du Val-de-Marne qui accueille des adolescents, et psychanalyste. Chez certains enfants, j'ai observé des recrudescences de terreurs nocturnes : généralement, cela survient vers 5-6 ans, et là, des jeunes de 10-11 ans étaient tout à coup confrontés à des terreurs inimaginables. Ne pouvant métaboliser l'irruption de la mort, cela donnait lieu à des productions cauchemardesques très violentes. »

« Les enfants ou les adolescents peuvent développer ce genre de TOC, de troubles obsessionnels du comportement, lors de moments d'angoisse, souligne **Julie Mortimore Billouin**, psychologue et psychanalyste à Paris. Ce n'est pas forcément problématique, c'est un moyen qu'ils ont pour gérer un problème. Un symptôme, ce n'est pas forcément négatif en soi, ça reste toujours une façon d'exprimer quelque chose. »

« Pour Robin, c'est une manière de masquer son angoisse, c'est un déplacement de son angoisse sur une phobie des germes », estime aussi **Laelia Benoit**, pédopsychiatre qui travaille principalement auprès d'adolescents.

La crainte du Covid n'est en effet que la partie la plus visible de ce qui taraude Robin, dont la famille est en train d'éclater. Ce sont ses parents qui l'ont emmené en consultation, notamment parce qu'il ne veut pas aller dormir chez son père, au motif, dit le collégien, que les règles sanitaires n'y sont pas respectées.

Le préadolescent a d'autres symptômes : il dort mal et finit par avouer du bout des lèvres qu'il mouille son lit. En toile de fond, des parents qui ne vivent plus ensemble, mais laissent leur situation encore dans le flou pour leur fils unique. « Mes parents, ils ne sont pas séparés, hein, mon père, il va revenir », assure d'ailleurs Robin à Dayan lors de cette première séance – on n'est pas sûr qu'il y croit vraiment.

Le thérapeute, lui, en sait un peu plus. Car, s'ils se rencontrent pour la première fois ce jour de mai, le jeune garçon n'est pas un inconnu pour le Dr Dayan. « Tes parents ont été mes patients il y a cinq ans, mais aujourd'hui, c'est toi mon patient », lui rappelle le psychanalyste. Le spectateur aussi connaît Robin sans l'avoir vu. Au bout de quelques minutes du premier épisode, on reconnaît sa mère, qui attend dans l'entrée du cabinet : c'est Léonora, qui était venue consulter en thérapie de couple avec son mari Damien dans la saison 1. À l'époque, le prénom de l'enfant revenait parfois dans la discussion, souvent pour se reprocher l'un à l'autre de ne pas bien s'en occuper. Mais est-il vraiment possible et souhaitable de prendre en thérapie l'enfant d'anciens patients ou est-ce juste un artifice de scénario ?

Véronique Barfety-Servignat, psychologue et psychothérapeute : « Pour moi, c'est un souci de prendre en thérapie l'enfant du couple qu'il a déjà suivi. Quand il accueille cet enfant, il a l'histoire des parents en tête, or ce qui nous intéresse nous, praticiens, c'est cette neutralité nécessaire au travail, neutralité des affects et de l'histoire. Il ne va pas accueillir cet enfant vierge de toute histoire, il l'accueille avec l'histoire du couple déposée et mise en travail en séance. »

Corinne Tyszler, pédopsychiatre et psychanalyste :
« Il est vrai que c'est un peu délicat. Robin interroge le Dr Dayan à ce sujet puisqu'il sait que ses parents sont venus le rencontrer. Ce dernier le met tout de suite à l'aise en disant que ce ne sont pas ses parents qu'il écoute, c'est lui. C'est une façon d'indiquer à Robin que son discours n'a rien à voir avec celui de ses parents, et que c'est de ça dont il va s'occuper. Les patients jeunes et moins jeunes interrogent toujours la confidentialité de leurs propos. Sans doute faut-il avoir de l'expérience pour ne pas être influencé par ce qu'on connaît des parents, il me semble que le Dr Dayan y parvient. »

Julie Mortimore Billouin, psychothérapeute et psychanalyste : « C'est une pratique possible, à partir du moment où l'enfant est d'accord et où le parent est d'accord. Il faut toujours s'assurer que ce soit clair. Après, c'est le travail du clinicien de savoir faire la part des choses, de ne pas se servir avec l'enfant de ce qu'il sait des parents. La question de la confidentialité ne doit pas être transgressée, c'est très important. »

Un nouveau statut : enfant de parents divorcés

Robin, lui, ne se prive pas de renvoyer le Dr Dayan à la thérapie suivie cinq ans plus tôt par ses parents… et à son échec : « Mes parents, vous n'avez pas réussi à les guérir », provoque le préado. Car le couple en est bien au stade du divorce, et Dayan, en aparté de la première séance, pousse Léonora à avoir un discours clair envers son fils : « Est-ce que vous pensez tous les deux que c'est à moi d'annoncer à Robin que vous comptez divorcer ? » Damien manque cette conversation, il est arrivé en retard.

Lors de la séance suivante, une semaine plus tard, en présence des deux parents, Léonora annonce le divorce à son fils, devant le Dr Dayan.

« C'est une des séances qui est assez réussie pour Robin, estime **Laelia Benoit**, pédopsychiatre. Dayan assure bien, il remet les parents dans leur position de responsabilité. Ce n'est pas à lui d'annoncer à Robin que ses parents divorcent, c'est aux parents, mais le faire dans l'espace de la thérapie a quelque chose de confortable et de rassurant. Recevoir les parents et le jeune, c'est l'occasion pour les parents de dire des choses difficiles, mais aussi pour le jeune d'en parler. Il y a effectivement des séances où on reçoit les deux parents et l'enfant et où on va utiliser ces outils de systémie et mettre des sous-titres aux échanges en direct. Ce qui est important, c'est de voir comment les gens interagissent entre eux, et de leur faire un retour sur le moment. Cela aide les enfants et les ados. »

La séance se poursuit sans les parents, et Robin, après avoir pleuré, semble aussi soulagé que le mot divorce ait été prononcé : « Avant, je me demandais ce que ça faisait d'avoir des parents séparés. Maintenant, je suis comme eux », résume-t-il.
Si, effectivement, le divorce s'est largement banalisé dans la société (120 000 en 2018 selon l'Insee), il reste toujours un moment délicat à vivre pour les enfants.

Corinne Tyszler, pédopsychiatre et psychanalyste : « Aujourd'hui, on a tendance à banaliser la perte que peut représenter, pour un enfant ou un adolescent, la séparation de ses parents. Tous les aménagements que peuvent imaginer les parents n'enlèvent rien au fait qu'il y a quelque chose de l'ordre d'une blessure, d'une perte qui est opérée dans le paysage d'un enfant. Plus jamais il ne verra ses parents avec lui ensemble, plus jamais ils ne passeront des vacances tous les trois, tous les quatre ensemble, et je crois qu'il faut pouvoir dire les choses pour les accompagner dans ce qui est une forme de deuil. »
Cependant, il ne s'agit pas non plus de faire du divorce une pathologie. Dans de nombreux cas, l'enfant lui-même comprend que c'est une nécessité qui, dans un contexte de mésentente parentale constante, ouvrira d'autres horizons pour tout le monde. L'important est que la séparation soit effective dans ses modalités, car nous assistons aujourd'hui à beaucoup de situations

où, pour diverses raisons, elle peut être un simulacre entraînant beaucoup de confusions pour l'enfant. »

Laelia Benoit, pédopsychiatre : « L'impact psychologique reste toujours violent. Pour un enfant, sa zone de sécurité, c'est d'avoir ses deux parents ensemble, et c'est bouleversant de voir ce cocon qui explose, il faut reconstruire autre chose. Un enfant aime avoir ses deux parents ensemble – et j'emploie "parents" au sens moderne du terme, pas forcément papa-maman. Quand il a grandi avec deux personnes de référence, et que c'est son univers, si les personnes se séparent, son univers s'écroule. »

Une fois l'annonce du divorce passée, tout n'est pas réglé pour Robin, et il apparaît au cours de la séance suivante que sa place dans la famille comme dans son collège reste un sujet de questionnement. Il raconte à son psychothérapeute qu'il est au courant de la fausse couche de sa mère survenue cinq ans auparavant au moment de la thérapie des parents, dont ils n'ont pourtant jamais parlé en famille et qu'il semble se reprocher. Le Dr Dayan met alors en lumière l'impossible comparaison que fait Robin avec cet enfant qui n'est jamais né. « C'est lui le super-fils — Si tu te compares à un idéal, c'est normal que tu te sentes nul. Tu joues à un jeu auquel tu ne gagneras jamais. »

Corinne Tyszler, pédopsychiatre : « On est toujours très surpris de voir qu'un événement qui a eu lieu dans l'enfance fait l'objet d'une construction absolument incroyable dans la tête de l'enfant. Si les parents n'ont pas le courage ou le temps de lui en dire quelque chose, ça reste comme un fantasme tout à fait prégnant qui conditionne la lecture qu'a cet enfant de son monde. »

« Est-ce que vous me trouvez gros ? »

Vu de l'extérieur, Robin va mieux, à tel point que Léonora, au début de la quatrième séance, prend le Dr Dayan à part pour le remercier chaleureusement. Le psychothérapeute modère vite son enthousiasme : « Est-ce que vous avez vu un enfant réellement heureux ou un enfant qui fait tout pour vous rendre heureuse ? Le changement de comportement de Robin est trop rapide et radical pour ne pas être questionné. »

Corinne Tyszler, pédopsychiatre : « Le Dr Dayan n'est pas dans la séduction avec les parents, c'est-à-dire qu'il tempère le propos de cette mère. Il aurait pu le prendre comme un compliment. Il l'écarte aussitôt parce qu'il a tout de suite entendu l'implicite de ce remerciement, qui est sa demande d'un blanc-seing pour pouvoir s'absenter quelques jours et partir en week-end…
Le praticien, de façon claire et pertinente, met en garde la mère devant un mieux soudain de son fils. Il fait l'hypothèse que Robin, se sentant tellement coupable, en particulier de la séparation de ses parents, est prêt à endosser

n'importe quel habit imaginaire du meilleur fils possible. »

Il y a en effet une autre question qui n'a pas cessé d'angoisser Robin : sa corpulence. « Est-ce que vous me trouvez gros ? », demande-t-il au thérapeute lors d'une de leurs premières séances. — Pourquoi ? Toi, tu te trouves gros ? », lui répond Dayan. — Non, mais j'ai compris votre technique, à chaque fois qu'on vous pose une question, vous répondez par une question », lui renvoie l'adolescent, qui n'est pas dupe – le jeune acteur Aliocha Delmotte portait d'ailleurs une prothèse, un faux ventre, a précisé *Le Parisien* dans un portrait qui lui était consacré (20 avril 2022).

Laelia Benoit :
« Il ne faut pas prendre les gens pour des imbéciles. Robin sait très bien qu'il est gros. Ne pas lui répondre, je trouve que ça rajoute du tabou à un sujet qui est déjà tabou. Les ados se rendent bien compte de leur corpulence, à part les anorexiques qui se trouvent toujours trop grosses alors qu'elles sont très maigres. Ne pas lui répondre, ça ne permet pas d'ouvrir la conversation sur ce qui se passe : "Et toi, est-ce que ton corps te plaît comme ça ou pas vraiment ? Est-ce que ça te soulage de manger, est-ce que les repas sont trop gras ?" »

Si bien que le jour où sa mère se félicite de voir son fils aller mieux, Robin, lui, annonce à son psy avoir commencé un régime, ajoutant que, dans la famille de sa mère, ils sont « obsédés par les régimes » et que maigrir lui permettrait d'échapper aux moqueries dont il est victime au collège. En réalité, c'est plus qu'un régime : il a arrêté de manger deux jours avant, sans rien dire à ses parents.

Laelia Benoit :
« Même si les troubles alimentaires à l'adolescence touchent majoritairement les filles, les garçons sont aussi concernés. On parle notamment d'anorexie masculine pour les garçons qui se trouvent trop maigres, chétifs, pas assez musclés. Robin, lui, a plutôt une problématique de surpoids, c'est aussi fréquent. Dans certaines familles, où tout le monde mange peu, est très sportif, dès qu'un enfant traverse une période où il est un peu dodu, ce qui n'est pas grave en soi, ça concentre tellement d'angoisse familiale qu'on lui pourrit la vie. Du coup, l'enfant apprend à avoir honte de son corps, il se sent nul, et cela crée souvent un cercle vicieux où il utilise davantage l'alimentation pour se calmer. »

En fin de séance, Robin a si faim qu'il est au bord du malaise. Le Dr Dayan va dans sa cuisine lui préparer un sandwich que le jeune garçon s'empresse de manger. S'il s'agit d'un écart manifeste au cadre de la pratique, les professionnels interrogés jugent plutôt cette réaction appropriée dans le contexte.

Françoise Hirsch, psychologue clinicienne à Toulouse :
« On peut donner un verre d'eau à un patient qui a très soif et qui est fatigué. On n'est plus à l'ère

extrêmement dogmatique. Il n'y a rien qui m'ait choquée dans ce qu'a pu faire Dayan quand il prépare un sandwich à Robin ou qu'il emmène sa patiente Lydia à l'hôpital parce qu'elle a 40 de fièvre et qu'elle est toute seule. Je ne vois pas ça comme un passage à l'acte d'autant que la sortie du cadre est nommée par Dayan. Ce sont des réactions qui paraissent adaptées à un moment donné où le patient a besoin d'être aidé de façon active. »

Corinne Tyszler :
« Dans la saison 1, la femme de Dayan prête les vêtements de leur fille à Camille car celle-ci est arrivée dégoulinante de pluie à sa séance. La scène se reproduit dans la saison 2 avec Robin lorsque le thérapeute lui donne un sandwich. C'est peut-être une sortie de cadre, mais je ne le vois pas comme ça. D'ailleurs, remarquons que cela se passe à chaque fois dans un autre espace, dans la cuisine. C'est une façon de faire entendre que ce n'est pas celui de la thérapie *stricto sensu*. Quand la réalité est aussi présente et criante, on ne peut pas rester dans une position figée et simplement écouter. Ce n'est pas possible, car Robin allait avoir un malaise. De la même façon, dans la saison 2, le Dr Dayan amène sa patiente à l'hôpital pour qu'elle y soit soignée. Ce sont des cas de figure où il y a une forme d'urgence qui nécessite que le thérapeute en prenne acte. »

Ce sandwich a-t-il conduit Robin à surinterpréter sa relation avec son thérapeute ? Deux séances plus tard, c'est avec l'envie de goûter à nouveau au casse-croûte que le collégien demande, rempli d'espoir, à pouvoir venir vivre chez le psy. Un retour de manivelle auquel Dayan aurait pu s'attendre, et donc se préparer. Car, quand il explique à Robin que ce ne sera pas possible (« Notre relation, elle ne fonctionne que dans un sens, c'est comme ça, c'est la règle »), celui-ci quitte la séance en courant. « Vous êtes comme les autres, vous servez à rien. »

Corinne Tyszler :
« Probablement qu'à ce moment-là, lorsqu'il demande à Dayan d'habiter chez lui, cela traduit un transfert massif. Le praticien lui affirme que ce n'est pas possible. C'est l'occasion à cet endroit de la thérapie de redessiner les places et les fonctions de chacun. Il est indispensable à ce moment-là que le Dr Dayan soit suffisamment ferme pour dégonfler un peu la confiance hypertrophique que

Robin a mise en lui. Nous dirions dans notre jargon psychanalytique que le transfert à l'endroit du thérapeute est décomplété. C'est cette limite qu'endosse le Dr Dayan qui permettra à Robin de se reconstruire. »

Pour Laelia Benoit, « la réaction de Dayan à cette demande est injustement dure. On voit que Robin se sent à l'aise chez son psy. Parfois, si on a des parents dysfonctionnels, le psy est la seule personne qui a un peu de bon sens, qui met les priorités où elles sont importantes, qui nous aide à apprendre à prendre soin de nous. Quand ils se sentent en sécurité, les jeunes patients peuvent avoir envie de passer plus de temps avec leur psy. C'est possible de dire "malheureusement, on ne peut pas" de manière plus sympa et rassurante que Dayan. Celui-ci montre surtout à ce moment-là qu'il n'est pas à l'aise avec ce qu'il fait. Il devient imprévisible : un jour, il est engagé et chaleureux, et l'autre jour, il rejette Robin froidement. Cela montre que Dayan a un attachement ambivalent, qu'il n'a pas assez travaillé, et que ses patients en font les frais. Robin se sent rejeté à juste titre, il part en courant, c'est un chagrin d'amour. C'est plutôt lui qui a une réaction saine à ce moment-là. »

Victime de violence scolaire

Entre-temps, la situation de Robin au collège s'est dégradée : un groupe de collégiens en a fait son souffre-douleur, le moquant sur son poids, jusqu'au jour où ils le déshabillent de force et diffusent la vidéo à tous les élèves. Il quitte alors immédiatement l'établissement et file chez son psy – qui n'habite pourtant pas à côté – à qui il raconte tout. Dayan commence par lui expliquer les mécanismes du harcèlement et pourquoi ce qu'il a subi est grave, et d'autant plus difficile à vivre pour Robin que le coupable est Arthur, son ancien meilleur ami.

Laelia Benoit : « C'est fréquent que ce soit quelqu'un de l'entourage, qui connaît nos faiblesses. Si on apprécie cette personne, par ailleurs, on risque de rester dans cette situation de harcèlement. Quand c'est quelqu'un de proche, on a du mal à juger : "Est-ce que c'était vraiment méchant ?" Un autre phénomène classique dans les traumas, c'est le syndrome de Stockholm : on s'identifie à l'agresseur, c'est un mécanisme de défense, on s'intéresse plus à lui qu'à soi. C'est une manière de ne pas être directement en contact avec notre souffrance. Dans ce cas, en thérapie, on commence par faire prendre conscience à la personne qu'elle est maltraitée et qu'elle en souffre. »

Corinne Tyszler : « La série indique bien que le harcèlement n'est pas un vain mot ou une "mode". Je pense que cela a toujours existé, mais probablement jusqu'il y a peu, c'était un phénomène souvent banalisé par certains parents qui déléguaient à l'école le soin de

régler ces questions. Il faut insister sur le drame de certains enfants ou adolescents qui sont terrorisés par ces situations de harcèlement et de menaces parfois violentes de leur(s) harceleur(s). Qui plus est, cela est aggravé par les réseaux sociaux lorsque, comme dans la série, les scènes sont filmées, ou bien que Robin reçoit des messages d'une grande violence tels que "va te suicider sale gros". L'injure touche à l'être et, s'il n'y a pas un autre secourable à ce moment-là, le gamin peut s'effondrer. C'est une urgence que les adultes, parents et professeurs en prennent acte, chacun dans sa fonction respective. »

Quand le père de Robin arrive, comme souvent très énervé, le thérapeute lui demande d'abord de patienter à l'extérieur. Il va alors se mettre d'accord avec Robin, pour annoncer au père ce qui s'est passé, en sa présence. Face à la difficulté du collégien à mettre des mots sur ce qui lui est arrivé, c'est Dayan qui s'en charge : « Robin veut que je vous dise qu'il a été victime de violence scolaire. »

Laelia Benoit : « C'est un moment qui est bien montré. Il faut bien se mettre d'accord avant, avec l'adolescent, sur ce qui va être dit. Une des choses que je rajoute souvent, c'est "si je fais une erreur, tu me corriges". Souvent, les ados sont contents qu'on commence la discussion et après, ils interviennent. »

Véronique Barfety-Servignat, psychologue et psychanalyste à Lille : « Parfois, l'adolescent a besoin de nous pour dire des choses à ses parents, que ça se passe en séance. Il y a beaucoup de familles où la parole ne circule pas ou peu, entre adolescents et parents. Il m'est arrivé fréquemment de prendre en charge des adolescents qui ne sortent jamais de leur chambre, des familles où on n'est jamais ensemble, où la communication n'existe pas. »

Corinne Tyszler : « Dans ce cas de figure, il est essentiel que le thérapeute prenne la place de tiers entre le parent et l'adolescent, surtout lorsque dans des situations comme celle là, il y a ce qu'on appelle un "impossible à dire". De plus, n'oublions pas que Robin a toujours peur de décevoir ses parents, ce qui ne manque pas d'arriver d'ailleurs, le père dans un premier temps se mettant à "engueuler" son fils. Dans un deuxième temps, ce père pourra assumer l'impuissance qu'il a ressentie face à cette nouvelle et protéger Robin. »

Après cette annonce, Damien commence en effet par se mettre en colère, veut connaître le coupable. Pour, finalement, au fil de ce qui se transforme en séance improvisée, parler de ses mauvaises relations avec son propre père. Dayan tente de résumer : « Robin vous renvoie au garçon méprisé que vous étiez. » Damien s'adresse alors à son fils : « Je suis désolé de ce qui t'arrive. Ta mère et moi on va t'aider à sortir de là. »

Nouveau départ

Lors d'un échange, Robin et le Dr Dayan ont filé la métaphore autour du mythe de Pandore, comme un résumé de leur thérapie : « Depuis que je viens vous voir, c'est comme si j'ouvrais plein de boîtes, qu'il y avait plein de problèmes qui en sortaient.
— Peut-être que si tu ne parlais pas de tes problèmes, tu ne pourrais jamais les résoudre.
— J'allais bien avant, en tout cas, c'était mon problème. Là, tout le monde s'en mêle. »

Après la révélation de l'agression de Robin, le collégien et ses deux parents sont allés porter plainte au commissariat, ce qui l'a, semble-t-il, finalement soulagé. Mais Robin se retrouve de nouveau confronté à un choix impossible, entre sa mère, qui va déménager à Bruxelles, et son père, qui reste à Paris. « Une situation de double contrainte », dit Dayan. « En fait je me demande s'il y en a vraiment un des deux qui veut de moi ? Pourquoi vous ne dites pas juste que c'est des gros cons qui me mettent dans une situation de merde. »

Ce sera finalement Bruxelles, et la dernière séance est une séance d'adieux. « C'est comme si j'arrivais pas à vous dire que je pars », dit le collégien avant que Dayan ne remette les choses en place : « Robin, je ne suis pas ton père, et tu n'es pas mon fils. »

Cette séance s'articule aussi autour d'un objet présent dans le cabinet du docteur, dont Robin a rêvé : une toupie. « Dans mon rêve, je la trouvais au pied de mon lit, et je me disais : "Il ne faut pas que j'oublie de la rapporter au Dr Dayan." Je l'aime bien votre toupie, quand je viens ici, c'est un peu comme un repère. » Leur échange tourne autour de l'objet qui représente « à la fois l'instabilité de l'année que tu as vécue et l'équilibre que tu essaies de trouver, quelque chose de fragile et de stable », dit le psychanalyste.

À la fin de l'épisode, Dayan sort de la pièce et téléphone à Robin, pour simuler leurs éventuels échanges, qui se feront désormais en distanciel. Avant de quitter la pièce, Robin lance la toupie, qui tourne encore sur son étagère quand Dayan revient dans la pièce.

Corinne Tyszler : « Cette toupie, c'est comme un objet transitionnel, pour travailler la séparation entre lui et le Dr Dayan, entre l'enfant imaginaire qu'il s'est forgé et celui qu'il devient. L'objet devient un symbole de l'épopée qui a été la sienne tout au long de cette année, c'est-à-dire de toutes ces turbulences qu'il a dû affronter pour finalement se stabiliser. Ce passage d'un objet transitionnel à un objet qui devient le symbole de ce que Robin lui-même a traversé dans sa thérapie, j'ai trouvé cela très beau. C'est aussi un objet qu'il partage avec le Dr Dayan, la toupie représentant également la condition humaine de tout un chacun. »

Lydia

« Alors, c'est ça ma place ? » Une veste cintrée, une longue robe à fleurs, un sac à main qu'elle tient serré contre elle : Mlle Ronsard (Suzanne Lindon) a un look de jeune fille sage et l'attitude de quelqu'un qui ne sait pas où se mettre. « Je m'appelle Lydia, j'ai 22 ans, je fais des études d'archi. (...) Et c'est ma dernière année, alors grosse pression. » L'étudiante déambule dans la pièce en s'arrêtant sur certains objets, en commentant la déco. Comme pour retarder le moment où elle viendra s'asseoir sur le divan... Elle hésite et s'excuse beaucoup. « Vous n'avez pas à vous censurer », la rassure le thérapeute. Elle n'est pas arrivée depuis cinq minutes que déjà, à plusieurs reprises, elle a suggéré, voire clairement exprimé, qu'elle n'avait aucune raison de « pleurnicher sur [sa] vie ». « Mes parents sont toujours vivants » ; « je suis célibataire depuis trois semaines (...) mais c'est moi qui l'ai quitté donc moi, je vais très bien » ; « je suis pas la plus à plaindre ». Si bien que le thérapeute finit par lui demander : « Qui est le plus à plaindre ? »

Sophie Aouillé, psychanalyste dans le 14e arrondissement de Paris :
« La répétition, c'est vraiment un concept essentiel en psychanalyse. Par exemple, les gens qui arrivent systématiquement en retard, ou en avance, c'est un symptôme et ça peut se travailler. C'est la même chose pour ceux qui oublient quasi systématiquement d'aller retirer de l'argent pour payer l'analyste. Pris isolément, ce n'est pas signifiant. En revanche, quand ça se répète, ça devient intéressant. Le Dr Dayan a raison, à mon avis, de laisser s'exprimer la récurrence avant de la relever. »

Après s'être enquis des circonstances dans lesquelles sa jeune patiente a passé le premier confinement – la séance se tient le 20 mai 2020, quelques jours seulement après qu'il a pris fin –, le praticien lui fait remarquer qu'elle a eu une formule « intéressante » pour évoquer ses parents : « ils sont toujours vivants ». Elle a aussi mentionné son frère « de deux ans plus jeune qu'[elle]. On est super proches ». À entendre Lydia, tout va bien dans le meilleur des mondes. Pourquoi la jeune femme est-elle là ?

Elle glisse à Dayan qu'il n'est pas « [son] premier psy ». Avant de venir le voir, elle a brièvement consulté une autre thérapeute, qu'elle a plantée au bout de deux séances, sans lui dire qu'elle ne reviendrait pas. « Elle me parlait tout le temps de l'escalier de Chambord. Elle devait penser que ça intéresserait une archi, son histoire d'escalier à la con. (…) Vous savez, l'escalier à double révolution. Alors moi, je disais : "Ah ben oui, c'est une prouesse architecturale." Mais elle, elle me parlait plutôt de la mise en scène que permettait l'escalier. Le fait qu'on puisse monter, descendre, en même temps. Se voir sans jamais se croiser. » Et Lydia d'assener : « Elle était complètement à côté de la plaque. »

Sophie Aouillé :
« On peut tenter ce genre d'images, proposer des analogies, ça peut même s'avérer très utile. Il faut trouver le bon moment. Parfois, ça tombe complètement à plat, ce qui semble être le cas ici. Il arrive que ça ouvre une brèche, que ça permette au patient d'associer avec autre chose. Mais ça ne porte pas toujours ses fruits, ou parfois, bien plus tard. »

L'image de l'escalier, qui a tant agacé Lydia, a pourtant l'air d'intéresser considérablement le Dr Dayan. La convoquant à nouveau plus tard dans la séance, il lui dira qu'il sent, quand elle parle « une dualité, comme si [elle] allait dans deux sens en même temps. Vous revendiquez le secret, mais j'entends une voix en vous qui demande de l'attention ». Le praticien se montre tout aussi attentif au concept architectural d'« espace défendable » que sa jeune patiente lui sert sur un plateau, en lui parlant d'Oscar Newman, un architecte et urbaniste dont le travail la passionne. « Pour Newman, la façon qu'on a de penser la ville joue sur la criminalité, explique-t-elle. Par exemple, si les habitants ont leur espace à eux, qu'ils en prennent soin, ben ils iront mieux. Plus que dans les espaces communs, comme les barres HLM. » La caméra du réalisateur Arnaud Desplechin zoome alors presque imperceptiblement

et très progressivement sur le visage de la comédienne. Comme si, sous prétexte d'urbanisme, c'était surtout d'elle dont, à mots couverts, parlait Lydia. C'est en tout cas l'hypothèse du psy : « Je pense que vous avez une assez bonne idée de votre espace défendable. »

> **Annie Cohen**, psychanalyste dans le 13e arrondissement de Paris : « Quand l'on commence un travail, certains patients sont très défendus. C'est le cas de Lydia. On le comprend d'emblée dans ce qu'elle rapporte de la fin de sa précédente thérapie, qu'elle a interrompue brusquement. »

Pour se justifier d'avoir arrêté sans préavis de consulter sa précédente psy, Lydia avance un autre argument. « À un moment, je lui ai dit que mon frère était autiste. Et que ma mère devait beaucoup s'en occuper. Et là, elle me sort : "Ah, mais ça a dû être dur pour vous. Vous êtes en colère contre lui ?" » Le Dr Dayan n'intervient pas. Après un silence, l'étudiante l'interroge : « Il y a beaucoup de gens qui viennent vous voir avec un vrai gros problème ? (…) Un viol, un deuil, un vrai truc quoi ? (…) Rassurez-vous, j'ai pas été violée. »

Le déni de la maladie

La raison pour laquelle elle est venue voir le psychanalyste, Lydia n'arrivera pas à la dire. Seulement à l'écrire sur un petit morceau de papier qu'elle tend, les larmes aux yeux, au praticien. Qui, le premier, après un long silence, met un mot sur une réalité : « cancer ». « De quel cancer s'agit-il ? (…) Quand l'avez-vous appris ? », demande gravement le thérapeute. Lydia élude les questions, s'excuse une nouvelle fois, prétexte une surcharge de travail, avoue qu'elle n'a pas « trop envie d'en parler. Je voulais juste le dire à quelqu'un ». Avant, finalement, de répondre : « Il y a cinq semaines. (...) J'avais perdu le goût et l'odorat, j'étais hyper fatiguée (...), j'ai compris que j'avais chopé le Covid. Mais les symptômes se sont aggravés, j'avais du mal à respirer. (...) J'ai fini à l'hosto. Les médecins m'ont fait faire mille tests (...). C'est là que c'est tombé… Cancer du sein. » Elle pleure, mais trouve encore le moyen de rire d'elle-même. « Il paraît que c'est rare à mon âge. Je suis une rareté ! »

> **Annie Cohen** : « Cette jeune femme ne sait ni où elle commence ni où elle termine. Elle comprend mal ses propres limites, extérieures comme intérieures. Elle ne sait pas quoi faire de son corps – *a fortiori* malade. Elle a pleinement conscience de sa tête, de son esprit, mais elle nie son corps. Elle use beaucoup de l'ironie, tourne tout en autodérision, se moque beaucoup d'elle-même. Cela aide le spectateur à entrer en contact avec sa souffrance et cela illustre le fait qu'elle n'a pas confiance en elle – la comédienne incarne bien cette gaucherie-là. »

« Qui était avec vous à l'hôpital ? » ; « Comment [vos parents] ont-ils réagi en apprenant que vous étiez malade ? » Le Dr Dayan tombe des nues quand la jeune femme, le plus tranquillement du monde, lui annonce qu'il est le seul à le savoir – et « un mec lourd » qui l'a accostée dans la rue et à qui elle a voulu clouer le bec. Ses parents ? « Je voulais pas qu'ils s'inquiètent pour rien. » Antoine, son ex-petit ami, qu'elle a manifestement quitté quand elle a appris qu'elle était malade ? « Je voulais pas qu'il se sente obligé de rester avec moi par pitié. » Pourquoi a-t-elle préféré en parler à un psychanalyste qu'elle n'a jamais vu auparavant ? « Je voulais en parler à quelqu'un d'objectif, qui s'en tape un peu de moi. Vous n'allez pas vous mettre à hurler dans toute la pièce si je vous dis que j'ai pas envie de me faire soigner. Peut-être que j'ai envie de mourir, là, sur votre canapé. » Dayan n'en croit pas ses oreilles. « Mais Lydia, il existe des traitements, des médicaments, qui peuvent vous guérir... » La jeune femme s'énerve, commence à rassembler ses affaires, reproche au praticien de ne pas l'avoir bien écoutée – le même reproche qu'elle adressait à sa première psy. Mais ce n'est pas le Dr Dayan qui n'écoute pas, c'est Lydia qui ne veut pas entendre qu'elle est gravement malade.

« Les lits dans les hôpitaux, ça se compte sur les doigts de la main. Je vais pas prendre un lit pendant qu'il y a un gars qui est en train de mourir. Y a des gens qui crèvent tous les jours du Covid. Moi, j'ai survécu haut la main (...), c'est pas un petit cancer de rien du tout qui va m'abattre, hein... » Elle trouve plein de raisons à ne pas se faire soigner au plus vite. Le médecin qui lui a appris la nouvelle, elle « ne le sent pas ». Et elle voudrait se renseigner avant de se voir administrer d'« énormes traitements hyper-toxiques. »

Annie Cohen :
« C'est un déni de réalité : je n'admets pas que je suis malade, donc je ne suis pas malade. Dans le cas de pathologies assez graves, c'est commun, le déni de la maladie. Lydia en rajoute, puisqu'elle rompt avec son petit ami pour n'avoir pas à lui dire qu'elle est malade. C'est un déni au cube. Et si elle ne consentait pas à se faire soigner, ce serait une sorte de passage à l'acte à la Chibane (voir p. 102). »

Est-ce pour cela que Philippe Dayan (alors en plein procès, voir le chapitre p. 66) insiste tant auprès de Lydia pour qu'elle voit un oncologue, au risque de dépasser le cadre de l'analyse ? Il s'en justifie auprès d'elle. « Vous avez parfaitement raison, je ne suis pas là pour vous dire quoi faire. Mais ici, c'est une question grave, donc je me comporte différemment. Vous êtes au stade 2, vous n'avez pas de temps à perdre. » Sur le pas de la porte, elle laisse planer le doute quant à ses disponibilités pour une prochaine séance. Lui la regarde s'éloigner en la couvant du regard.

Dès qu'il rencontre Claire, sa nouvelle superviseuse (épisode 5), Dayan lui parle de Lydia. « Si c'était ma fille, je la prendrais par le bras et je la traînerais à l'hôpital. (…) Que doit faire un bon psy ? » Elle le recadre. « Philippe, votre responsabilité est dans l'analyse, pas en dehors. Vous le savez — Vous voulez dire que vous ne l'emmèneriez pas en chimio ? » demande-t-il encore. — Arrêtez d'être son psy et devenez son infirmier », ironise-t-elle, en lui reprochant de vouloir jouer les sauveurs. Une profession de substitution qui ne doit rien au hasard, du moins du point de vue des scénaristes : le père de Lydia est infirmier urgentiste. Et complètement absorbé par son métier, en pleine pandémie de Covid.

Marie-Laure Susini, psychiatre et psychanalyste dans le 3ᵉ arrondissement de Paris : « Avec Lydia, il fait preuve d'une assez grande liberté, ce qui est bien ; par exemple, quand elle arrive la première fois, il la laisse librement s'approprier le cadre de la thérapie. Il est pris dans un transfert paternel, mais il le fait bien, il est à l'aise dans cette position-là. Il n'est pas défendu. »

Sophie Aouillé : « Lydia cherche des parents qui s'occupent d'elle. Pour autant, je ne trouve pas qu'il la traite comme sa fille. Il fixe avec elle le cadre du transfert. Ce n'est pas la même chose que dans la saison 1, quand il indique à Camille (voir le chapitre p. 106) la salle de bains pour qu'elle se change et enfile des habits secs qui appartiennent à sa fille. Dans ce cas-là, oui, on peut dire qu'il sort de son rôle et qu'il y mêle un peu trop d'intime. »

Pulsion de mort et névrose d'échec

Ce sont des éclats de voix devant la maison du Dr Dayan qui annoncent le retour, une semaine plus tard, de Lydia. Elle est en train de se disputer avec un garçon que le psychanalyste identifie tout de suite comme Antoine, son ex-petit ami. Il est venu, « très sérieux », ironise la jeune femme, lui demander comment elle allait : une camarade de promo l'avait entendue pleurer dans les toilettes. Après une nuit de retrouvailles, elle lui a annoncé qu'elle souffrait d'un cancer. « C'est comme si je lui avais tiré dessus. Là, il m'a pas lâchée jusqu'à chez vous. » Le psychanalyste objecte que ce n'est peut-être pas si anodin... « Vous aviez peut-être envie que j'entende Antoine, que l'on se voie. (...) Peut-être même qu'on s'occupe de vous. (...) Je me demande simplement si vous n'avez pas du mal à demander de l'aide. (...) Pourquoi voulez-vous faire sortir Antoine de votre vie ? » Elle s'agace, dit qu'elle le trouve intrusif, qu'il pose trop de questions. « Il me traite comme une gamine. (...) Il m'a dit que je ne savais pas prendre soin de moi. » Peut-être ces remontrances sont-elles d'ailleurs aussi valables pour le psychanalyste...

Au cours de la même séance, Lydia évoque les épisodes de détachement qu'elle a parfois « comme si j'avais un bouton off ». Le Dr Dayan lui explique le principe de la dissociation : « Un mécanisme de défense qui donne l'impression d'être détaché de votre enveloppe corporelle. Pour s'échapper de ce qui nous semble terrifiant. » Plus que jamais dans le déni de son état de santé, la jeune femme n'a toujours pas montré la moindre volonté de se soigner, en dépit des encouragements répétés du praticien.

« Peut-être que vous préférez détruire, vous détruire, plutôt que de perdre le contrôle ? » lui lance-t-il une semaine plus tard, alors que l'étudiante vient de déchiqueter sauvagement la maquette à laquelle elle avait pourtant travaillé toute la nuit, au prétexte qu'elle avait oublié d'y faire figurer certains éléments.

Sophie Aouillé :
« Quand elle arrive ce matin-là, très en avance, elle dit à Dayan : "J'avais trop peur de m'endormir et de ne jamais me réveiller." Elle est prise dans son angoisse de mort. Elle est dans l'autodestruction, et plus encore dans l'interdiction pour elle-même de réussir. Elle se saborde, défait tout ce qu'elle a construit. Cela peut se rapprocher de ce que Freud appelait la névrose d'échec. »

La séance qui suit (saison 2, épisode 18) est particulièrement houleuse. Le psy hausse le ton, excédé par l'obstination de sa jeune patiente à ne pas vouloir traiter son cancer, Lydia fait un malaise en se levant du divan. Elle devait prendre un train pour aller à Lille rendre visite à ses parents et à son frère. Philippe Dayan décide alors de l'accompagner à l'hôpital. Au risque de s'affranchir du cadre de la thérapie ?

Annie Cohen :
« J'entends l'intérêt dramaturgique mais, dans la réalité, jamais je ne me serais mêlée de ça. Je ne l'aurais pas emmenée à l'hôpital. Le fait qu'il soit médecin (psychiatre) et donc dans l'obligation de porter secours est un biais entendable. Moi, si j'avais été psychiatre, j'aurais plutôt passé des coups de fil à des confrères médecins. Il outrepasse très largement la place normalement dévolue au psychanalyste. L'intérêt de la psychanalyse, c'est que l'on tricote maille à maille avec les patients pour qu'ils s'attribuent leur propre liberté. Là, il n'est pas là-dedans du tout, il intervient en tant que papa symbolique. »

Marie-Laure Susini :
« Je ne suis pas pour une neutralité du psychanalyste face à des événements qui exigent une intervention. Il l'emmène à l'hôpital ? De mon point de vue, c'est exactement ce qu'il devait faire. Je le félicite : il en a eu le courage. Comme il le dira lui-même plus tard : "Tout psychanalyste qu'on soit, quand on voit quelqu'un se noyer, on se jette à l'eau !" »

Sophie Aouillé :
« Parfois, face à des patients qui se mettent en danger, on peut rester dans une sorte de neutralité, leur conseiller de faire attention à eux, mais sans sortir de cette place-là. Mais je pense qu'il y a des moments dans le transfert, où il est important de faire quelque chose. C'est le cas ici, selon moi. »

Ce n'est pas la première fois que la jeune femme flirte avec la mort et le cache délibérément à son entourage. Dans l'épisode 13, elle a parlé de cet été où, enfant, alors qu'elle était en vacances dans les Landes avec ses parents, sans son frère, elle a échappé de peu à la noyade. Et n'en a rien dit à personne. « J'ai juste dit que je venais de me prendre une grosse vague. (...) Ils étaient enlacés, je ne voulais pas gâcher ce moment. (...) Ma mère fermait les yeux. Elle ne ferme jamais les yeux, pour toujours garder un œil sur Noah. » Commentaire du psy : « Vos parents doivent toujours avoir un œil ouvert sur Noah, alors que vous, quand vous vous noyez... — ... ils ferment les yeux », conclut Lydia.

De la difficulté de trouver sa place dans la famille

Trouver sa place, c'est la grande affaire de Lydia. Sans doute le psy l'a-t-il compris à l'instant même où elle a passé pour la première fois le seuil de son cabinet. La deuxième fois qu'elle est venue, quand il lui a demandé qui constituait le cercle de ses proches, l'étudiante n'a cité qu'une personne : Noah, son jeune frère autiste. « Vous lui avez parlé de votre cancer ? (...) Ce qui m'intéresse, c'est de savoir comment vous, vous vivez la singularité de Noah ? » Un sujet extrêmement sensible pour la jeune femme, complètement solidaire et très empathique vis-à-vis de son cadet.

> **Annie Cohen** :
> « Je suis très touchée par le regard porté sur sa relation avec ce frère autiste. Si Lydia réagit comme ça, en refusant de prendre sa maladie au sérieux, c'est parce que pour elle, rien ne peut être plus grave que le trouble de son frère. De son point de vue, et dans ce contexte, elle ne peut qu'aller bien. Il se trouve que je m'occupe beaucoup du handicap dans les fratries. Dans ce genre de situations, c'est commun : les frères et sœurs se mettent en retrait et s'oublient. De la même manière, Lydia ne s'autorise pas à dire à ses parents qu'elle est malade parce qu'elle estime que sa souffrance ne pourra être portée par eux, ce serait une souffrance de trop. »

Lors de l'épisode 18, la jeune femme évoque sa géométrie familiale. De sa mère, Lydia dit qu'elle « aime [son] frère à en mourir. Ils sont fusionnels. Elle dit toujours qu'elle aimerait prendre sa maladie ». Elle rapporte leur dernière conversation téléphonique : « Je lui ai dit que j'avais peur en ce moment. Elle est montée dans les tours, m'a dit que je prenais pas assez soin de moi, que je me lavais pas assez les mains. (...) "Fais attention à toi" : j'ai entendu cette phrase toute ma vie, toute mon enfance. Comme un ordre. » Une injonction à aller bien, quoiqu'il arrive, pour ne pas ajouter à l'inquiétude parentale. « Pendant le confinement, c'est comme si elle avait disparu. » Sur son père ? « Il n'y a pas grand-chose à dire. (...) Il passe ses journées à l'hosto. Je crois que mon père supporte pas d'être à la maison. L'état de Noah, c'est trop dur pour lui. » Et Lydia de résumer ainsi le fonctionnement de la cellule familiale : « C'est toujours comme ça que ça marche : lui soigne les gens aux urgences, et ma mère soigne Noah. Avec moi, quand je suis là. » Le psy trépigne et perd patience. « Combien de temps allez-vous porter à bout de bras votre famille ? (...) Vous avez le droit d'avoir une existence hors de votre frère, hors de votre famille. » Il faudra que Lydia ne tienne plus debout et se trouve en grande difficulté pour concéder qu'on veuille bien l'aider.

Marie-Laure Susini :
« Le travail du thérapeute, c'est d'amener son patient à prendre conscience des constructions et des contraintes inconscientes dans lesquelles il s'est enfermé. De l'amener à s'interroger sur sa position subjective vis-à-vis des autres – pour Lydia, le rôle qu'elle s'est donné auprès de sa mère, de son petit frère. Ceci pour lui rendre un peu de liberté. Et, pour y parvenir, on va se servir de la faille, de l'événement qui est venu ébranler l'édifice – dans le cas de Lydia, sa maladie – comme une opportunité pour une remise en question. Avec précaution d'ailleurs, car il ne faut pas oublier que si le sujet s'est construit de cette façon, non seulement il tient à sa construction, mais c'est comme ça qu'il tient. Dayan a beau essayer de libérer Lydia des exigences et des devoirs qu'elle s'impose à elle-même au risque d'y perdre la vie, il ne se fait pas entendre. Aurait-il pu aborder plus tôt la culpabilité inconsciente qui amène Lydia à s'effacer pour sa mère ? Certainement, du point de vue du psychanalyste ! Mais, pour les scénaristes, probablement pas… »

Sophie Aouillé :
« Elle ne veut rien savoir de la réalité parce qu'elle est prise dans un conflit névrotique. À savoir celui de s'occuper tout le temps des autres et de penser que si elle n'est pas auprès de sa mère pour aider son

frère autiste, ça ne va pas aller. Il faut ce cancer pour que Lydia finisse par se déloger de ce rôle qu'elle s'est attribué et dans lequel on l'a maintenue. »

« Est-ce qu'on pourrait imaginer qu'un mécanisme se serait mis en place au fil des années, qui vous aurait désappris à demander de l'aide ? s'enquiert Dayan, quand elle retourne le voir, deux semaines plus tard – le psy a annulé une séance pour raisons personnelles. Demander de l'aide, c'est accepter ses fragilités. » Lydia a commencé son traitement de chimiothérapie, mais n'a encore rien dit à ses parents. « Ils vont bien finir par comprendre, quand j'aurai la boule à zéro », ironise-t-elle en évoquant la chute de ses cheveux. La semaine suivante, en revanche, elle n'est plus du tout d'humeur à rire. Elle a fait un malaise et, le nom de la personne à prévenir en cas d'urgence qu'elle avait donné étant celui du Dr Dayan, l'hôpital a appelé le psy. Lequel s'est résolu à téléphoner à la mère de la jeune femme, lui révélant que sa fille souffrait d'un cancer.

Marie-Laure Susini :
« Il a eu entièrement raison de la conduire à l'hôpital, mais alors là, appeler sa mère, jamais de la vie. Non, non, non, Dr Dayan, je ne suis pas du tout d'accord ! »

Lydia s'estime trahie et souhaite arrêter sa thérapie. Mais elle écoute tout de même le Dr Dayan lui parler des schémas dont, estime-t-il, elle est tributaire depuis la naissance de son frère. « En restant dehors, comme si c'était votre place. » L'étudiante évoque la manière dont elle imagine son enterrement. « Le fantasme d'un événement où vous avez l'attention pleine et entière de vos proches. Il me semble que [ça] parle très fort de votre sentiment d'injustice de ne pas être comprise », éclaire le psy. Le mercredi suivant, c'est une Lydia portant une perruque blonde qui pousse la porte du cabinet. Pour la dernière fois. « J'ai plus envie de venir ici », dit-elle tout simplement au psychanalyste, non sans avoir emporté avec elle un foulard qu'il lui avait prêté pour couvrir sa tête. Un objet transitionnel.

Annie Cohen :
« C'est le début d'un travail, une simple amorce, que montre la série. Il la fait un peu plier, mais pas beaucoup. Il me semble un peu simpliste de la faire interrompre sa thérapie. Dans des circonstances comme celles-ci, on ne lâche pas son psy. »

Sophie Aouillé :
« Il la laisse partir parce qu'elle a accepté de se faire soigner et qu'elle a fini par consentir à être entourée. Tout cela l'occupe entièrement. Elle le lui dit très bien : "Je ne peux pas être en train de me soigner et faire mon analyse dans le même temps." Et ce n'est pas complètement faux. Dayan fait sans doute le pari qu'un jour, elle reviendra. À mon avis, en ne la retenant pas, il lui en laisse la possibilité. »

Alain

Il a le regard vif sous sa crinière blanche, et une silhouette qui en impose. Alain Abgrall (Jacques Weber) est patron d'une société de 4 000 employés. Mais, ce jeudi 21 mai 2020, il sonne à la porte du cabinet du Dr Dayan car il est en pleine crise professionnelle : une de ses employées, Myriam, qui travaillait chez elle durant le confinement, n'a pas supporté la pression. Elle s'est suicidée en se jetant par la fenêtre de son appartement.

« Vous me connaissez ? », interroge-t-il immédiatement, sûr de son fait. « Depuis mon appel, vous vous êtes renseigné sur moi ? Vous ne faites pas de recherches sur vos patients quand ils prennent rendez-vous ? » Une interrogation qui lui semble légitime : à ce moment-là, il fait les gros titres de la presse après le suicide de Myriam. Et qui reviendra à plusieurs reprises. Mais c'est une démarche qui ne s'inscrit pas du tout dans le travail thérapeutique, ont répondu en chœur les psys interrogés.

Caroline Bernard, psychologue-psychanalyste dans le 19e arrondissement de Paris : « Globalement, on fait confiance à ce que les gens nous disent, et, non, on ne google pas nos patients. Ils ont leur vie, et il y a des gens qui sont connus dans leur domaine. Mais ils font comme tout le monde, et parlent de papa, de maman, de leur enfance. Ce ne sont pas des patients différents, qu'ils soient comédiens, youtubeurs ou sportifs. On peut être curieux, mais ça ne va pas faire avancer la thérapie… »

Sandrine Vialle-Lenoël, psychosociologue et psychanalyste : « J'ai des patients qui parfois font l'objet d'un article dans la presse. C'est la parole du patient qui doit être déposée en séance, qui doit être au centre. Ce qu'il a à dire, pas ce que les médias disent de lui. Ne pas rechercher la vie d'un patient sur Internet fait partie de la règle d'abstinence. La psychanalyse est bornée à la séance, nous ne rentrons pas dans la réalité du patient. »

Ludovic Gadeau, docteur en psychopathologie clinique, psychologue clinicien, psychothérapeute-psychanalyste : « À ma connaissance, les psychothérapeutes ne font pas de recherches sur Internet concernant leurs patients (par contre, l'inverse est vrai : les patients se renseignent de plus en plus sur le profil de leur thérapeute ou futur thérapeute, lisent leurs écrits, etc.). Dans le travail psychothérapique, ce ne sont pas les informations factuelles qui sont importantes, mais la façon dont ces informations sont formulées par le patient. À titre d'exemple, j'ai reçu il y a quelques jours une nouvelle patiente. Je lui demande son âge, puis l'âge de son mari. À chaque fois, une petite hésitation, assortie d'une sorte de gêne à peine perceptible et l'impression qu'elle fait un calcul dans sa tête. Puis elle associe sur son mariage, la date de son mariage (que je ne lui ai pas demandée). Je ne sais pas encore ce que signifient cette hésitation, cette gêne et ce petit calcul et le lien avec le mariage, mais ce qui se dit là est bien autre chose qu'une information relative à l'état civil. En disant les choses ainsi, cette patiente dit quelque chose d'elle-même, sans savoir qu'elle dit quelque chose de singulier et de profond. Les formes qui se dessinent derrière les mots, c'est l'humus sur lequel la thérapie va se déployer. Ce qui est important, c'est comment le patient se raconte et non comment on (médias, tiers, etc.) raconte le patient. »

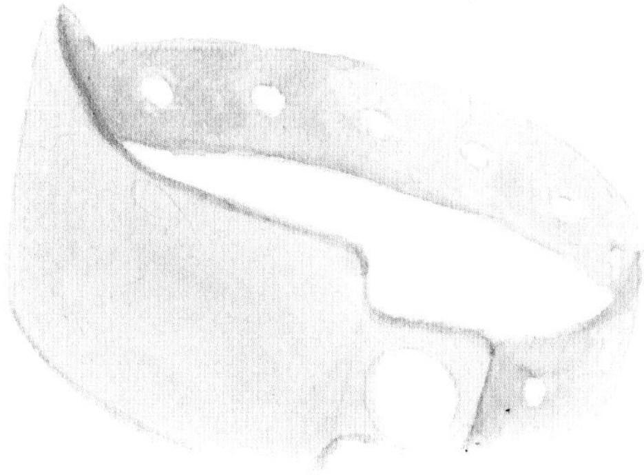

S'il affirme avoir besoin d'aide, Alain Abgrall n'a pas un discours de patient : ce qu'il cherche, explique-t-il, c'est un conseiller avec « une approche nouvelle ». « J'ai besoin de vous dans mon équipe. (...) Je suis certain que vous vous y connaissez un peu en suicide, non ? », lâche-t-il, tandis que Dayan, comme à son habitude, reste impassible face à l'ombre d'un autre patient, Adel Chibane, qui passe alors entre eux. « Moi, je vous propose un nouveau défi. »

Devant le refus de Dayan, Alain décide de partir. Mais le psy essaie de le retenir. « Monsieur Abgrall, j'ai l'impression que vous êtes venu ici avec un prétexte. Vous avez besoin d'aide, n'est-ce pas ? — Je ne suis pas venu ici en dissimulant ma fragilité », répond-il. Et, tandis qu'il s'apprête à passer la porte du cabinet, le voici pris d'un mal à la poitrine, le souffle court, plié en deux, au point que Dayan doit le soutenir jusqu'à son fauteuil.

Une attaque de panique qui semble être un véritable appel au secours. Si les phénomènes psychosomatiques ne sont pas rares pendant les séances, ils ne sont pas forcément toujours aussi spectaculaires.

Ludovic Gadeau :
« Il n'est pas rare d'assister à des manifestations psychosomatiques durant les séances sans que cela aille jusqu'à un malaise vagal entraînant une perte de connaissance. Les manifestations classiques sont : des maux de ventre (dont l'intensité peut aller jusqu'à des douleurs très aiguës et violentes), des étourdissements, la vue qui se trouble pendant quelques secondes ou minutes, des nausées, une poussée d'angoisse avec ses signes somatiques (tachycardie, boule dans la gorge ou au plexus, sudation, essoufflement), une désorientation temporo-spatiale de quelques minutes et un état confusionnel (le sujet « ne sait plus où il habite »), des douleurs aiguës localisées (sensation de coup de poignard dans le dos, céphalées, raideur dans le cou, etc.). »

Sandrine Vialle-Lenoël, psychosociologue et psychanalyste :
« Lacan dit : "L'angoisse, c'est le seul affect qui ne ment pas." Alors qu'il n'est pas loin de la porte, son "sujet de l'inconscient" (l'instance du désir inconscient, des pulsions refoulées), qu'il a fait taire toute sa vie, c'est comme s'il disait "non, c'est plus possible", c'est comme si "son sujet de l'inconscient" l'arrêtait devant la porte. Au moment où ça arrive, on se dit que Dayan le sait. Le psychanalyste ne peut pas ignorer cette force, que le corps n'en peut plus de cette position impossible. Justement au moment où il dit qu'il s'en va, alors qu'il demandait un

coaching plutôt qu'une psychanalyse. Et d'ailleurs, on remarque à ce moment-là que Dayan l'allonge, comme en position d'analyse, tandis qu'Alain assure qu'il ne veut pas s'allonger. Il n'est pas encore prêt à accéder au savoir sur lui-même que revêt son inconscient. »

Alain Abgrall ne vit d'ailleurs pas très bien cette position de faiblesse. « Le grand Alain Abgrall qui craque, et en plus chez un psychanalyste », dit-il, craignant que cela puisse se savoir à l'extérieur. Il a un rôle à tenir, celui de patron, et c'est d'ailleurs dans ce rôle-là qu'il a d'abord tenté d'embaucher Dayan comme « consultant ». Et, même lorsqu'il est très mal, il pense à ce rôle-là.

Joël Pacoret :
« J'ai reçu des gens dont je me suis dit que la fonction professionnelle devait nécessairement être maintenue dans le cadre de nos échanges : c'était narcissique, ça les soutenait. Dayan le fait assez bien avec Abgrall, il met de côté ce rôle de patron, mais il ne le conteste pas, il n'essaie pas d'interroger cette fonction. Il y a des patients pour lesquels c'est important de ne pas contester l'enveloppe narcissique qu'ils ont fabriquée grâce à leur fonction. Dans le cas d'Abgrall, même si on imagine que quelque chose se répète, on préserve sa fonction et sa souffrance de patron, et on essaie de désamorcer d'autres choses. »

Pour tenir son rôle, Alain est beaucoup dans le contrôle : besoin d'« embaucher » le psy, de tenir ses employés, mais aussi et surtout de garder sa fille près de lui. « J'aimerais bien que votre fille puisse sortir de votre champ de vision, sans que ce soit forcément le signe d'un drame à venir », lui dit Dayan.

Hélène Elkaim :
« On peut retrouver ça chez tous les parents, cette projection, l'idéalisation à travers les enfants de ce qu'eux n'ont pas fait. Mais la question du contrôle, c'est aussi un fonctionnement qu'on retrouve chez beaucoup d'obsessionnels, ceux qui n'acceptent pas les séparations, les deuils, qui ont la volonté que tout le monde soit là, sous la main, pour éviter qu'eux-mêmes soient confrontés à la perte et à l'abandon. Pour Alain, sa tentative de contrôle sur les autres, de maîtriser les situations, c'est aussi une tentative d'exister, et d'exister au regard de ce père, dont il a l'impression qu'il ne l'a jamais considéré. »

Les patients face au *shitstorm*

L'autre préoccupation qui revient dans le récit d'Alain, c'est la tourmente médiatique dans laquelle il est pris après le suicide de son employée. « Vous savez ce que c'est, le *shitstorm* ? », demande-t-il tout de go à l'analyste. « En gros, c'est un déchaînement virulent de critiques sur une personne, dans la presse, sur les réseaux sociaux... Ça démarre par des vagues d'indignation publique qui grossissent régulièrement, puis ça se transforme en une tempête de merde, si on veut être concret. » Ce type de situation mérite toute l'attention du thérapeute.

Sandrine Vialle-Lenoël :
« Ça rajoute du traumatisme au traumatisme. La position qu'il a tenue pendant toutes ces années, celle de répondre à la demande des autres, non seulement s'écroule, mais la presse le met au grand jour. Il ne peut plus se raconter d'histoires. La presse dit qu'il est responsable de la mort de son employée (or, comme on va le voir, il se sent responsable de la mort de son frère). En même temps, c'est ça qui le précipite en analyse. Il est submergé, il n'a plus de solutions, il faut bien qu'il en fasse quelque chose, qu'il aille interroger cette culpabilité et ne se retrouve plus dans cette position impossible : faire mieux que le mort, injonction venant de l'Autre. »

Ludovic Gadeau :
« Ce que ces patients traversent dans ces moments est double : c'est à la fois une atteinte à l'image qu'ils ont d'eux-mêmes et à celle qu'ils veulent donner aux autres ; c'est aussi une impuissance à lutter contre ce phénomène, car aucun démenti formulé contre des allégations circulant dans les médias ne donne le sentiment à la personne qui en est victime que la "vérité" a été rétablie et le "mensonge" effacé. La trace laissée par ce qui circule de malveillant sur les réseaux sociaux est vécue comme indélébile. Elle constitue un véritable trauma et une blessure narcissique majeure pour ceux ou celles qui en sont victimes. On rencontre maintenant des jeunes (essentiellement des jeunes filles) qui se pensent en risque d'être dénigrées sur les réseaux sociaux et ce risque potentiel fonctionne aussi comme un trauma réel, une épée de Damoclès en permanence au-dessus de leur tête. Ce type d'affectation de l'estime de soi nécessite un travail psychothérapique centré sur ce qu'on appelle l'économie narcissique. »

Mais, juste après, Alain confie à Dayan que ses insomnies ont commencé bien avant le suicide de son employée. Il parle alors pour la première fois de sa fille, Anouk. Dernière et seule fille d'une fratrie de quatre, elle s'est engagée comme volontaire dans un camp de réfugiés en Grèce. Alain est très inquiet pour sa fille. « Si elle disparaissait, qu'est-ce que je fais ? » « Disparaître », relève Dayan. Un mot qui aura son importance plus tard dans la thérapie d'Alain, qui a décidé d'accepter d'y entrer, et de revenir la semaine suivante. « Vous êtes un drôle de type, mais j'aime bien. »
À la deuxième séance, il revient sur la persécution médiatique dont il pense être l'objet, en particulier de la part d'un journaliste du *Parisien* qui est allé voir la famille de Myriam. Il en vient à penser que celui-ci, qui s'appelle Dupuis, pourrait être de la famille d'un de ses ex-salariés, licencié il y a de nombreuses années. « Dupuis, c'est un nom très courant », constate simplement le thérapeute. Il tente d'interroger la culpabilité de son patient, celui-ci s'auto-qualifiant de « parano ». L'est-il vraiment ?

Ludovic Gadeau :
« La paranoïa est une pathologie très spécifique, qui n'a rien à voir avec le cas d'Alain Abgrall. Par contre, cette

pathologie utilise un mécanisme de défense proche de ce que l'on rencontre dans d'autres affections et même dans les fonctionnements les plus ordinaires. C'est le mécanisme de projection qui provoque une sorte de déformation dans le rapport que l'on a au monde : je loge au-dehors, à l'extérieur, quelque chose qui est en fait en moi. Par exemple, si je commets pour la première fois un acte que je sais délictueux (par exemple voler un objet dans un magasin), je peux avoir l'impression que les gens me regardent de travers comme s'ils voyaient sur mon visage que j'avais commis un acte répréhensible. J'interprète le regard des autres en attribuant à ces regards quelque chose qu'ils ne contiennent pas, mais qui est en fait en moi. Par ailleurs, on a tendance à vouloir mettre en sens le monde qui nous entoure (et notre monde interne). Et cette mise en sens passe par des procédés non rationnels et non conscients, et le plus souvent par des réductions et des simplifications abusives. Autrement dit, on interprète les choses pour leur donner un semblant de sens. Ce semblant de sens peut nous apaiser pendant un temps. Lorsque l'angoisse est trop forte, la recherche de mise en sens se fait avec un sentiment de conviction augmenté. Mais ce montage théorique fait par le patient ne tient que peu de temps et cède par le travail de pensée dans la thérapie (c'est une des différences avec la paranoïa, dont le montage théorique délirant est toujours alimenté, affermi et confirmé par tous les arguments qu'un contradicteur pourrait opposer). »

La perte du frère et la répétition du traumatisme

Plus encore que d'autres patients, Dayan renvoie beaucoup Alain Abgrall à des phrases prononcées précédemment. Par exemple, lorsqu'en évoquant sa situation professionnelle, Abgrall dit « les crises, ça passe toujours », Dayan l'attrape au vol en lui rappelant que c'est exactement ce qu'il a dit la semaine précédente, confronté à sa forte crise d'angoisse. Et le ramène ainsi à ce sujet, qu'il avait évité jusque-là.

Joël Pacoret :
« Dayan utilise beaucoup la technique du "Vous m'avez dit ça" ; "vous me dites ça aussi sur votre fille", par exemple sur le mot "disparition". Ce sont des mots récurrents. Nous, on dit "signifiants", une sonorité qui revient à la même place, qui signale quelque chose. C'est à partir de la trame langagière qu'il remonte le fil et qu'il découvre qu'il y a des choses qui s'emboîtent et des processus logiques inconscients. Un sujet est toujours logique, le psychanalyste va chercher cette trame logique qui apparaît dans la trame langagière, dans le récit du patient. C'est vraiment une technique particulière. »

Il commence ainsi à tirer le fil de ces crises. Alain Abgrall évoque les Dubreuil,

le couple qui possède l'entreprise pour laquelle il travaille. Ce sont les parents de son meilleur ami d'enfance, Christian. Plus jeunes, tous deux se sont associés avec succès dans une entreprise de vente d'électroménager. Or, Christian est mort dans un accident de la circulation, et Alain a pris en charge de faire fructifier l'entreprise, à la demande des parents de son ami. C'est à cette époque, dit-il, que les crises ont recommencé. « Recommencé ? » Dayan continue de tirer le fil, pour trouver l'origine de ces crises d'angoisse.

Alain parle alors de ce frère aîné, Michel. « Sans doute que la mort de Christian m'a rappelé la mort de Michel. » Ce grand frère chéri et admiré, qui avait onze ans de plus que lui, promis à un grand avenir, s'est tué accidentellement en sautant d'une falaise lors de vacances à la mer. C'est là qu'Alain raconte cette scène terrible : quelques jours après le décès, son père l'emmène dans la chambre de Michel, et dit à son deuxième fils : « C'est ta chambre. Maintenant, je sais pourquoi on t'a eu. »

Joël Pacoret :
« On "ramasse" parfois ça en séance, il faut un petit peu de temps pour se remettre. On ne peut pas faire comme si on n'avait pas entendu. Il va falloir un moment avant d'en arriver à ce qu'on appelle la résilience, avant qu'il arrive à fabriquer quelque chose avec de nouveau l'image de son père. Il faut l'accueillir et voir ensuite les conséquences sur la relation à son père.

Cette phrase ne me paraît pas particulièrement étonnante, j'ai des exemples tout aussi terribles avec des patients. Par exemple, une patiente qui est très proche d'un oncle maternel. Celui-ci est atteint d'un cancer avec fort risque de décès. À ce moment-là, sa grand-mère maternelle décède. Et sa mère lui dit "Heureusement, parce que je n'aurais pas su comment faire pour lui annoncer la mort de ton oncle."

Ou encore une patiente qui évoque son père, qui a eu quatre enfants avec quatre femmes différentes, dont le dernier à l'aide d'un don d'ovocyte – ce qui traduit un très fort désir d'enfant. Or, un jour, ce père dit à sa fille : "Je me suis rendu compte après chaque enfant que je ne les désirais pas." »

Dayan fait alors part de son analyse. « À la mort de Michel, vos parents vous ont fait une demande implicite. Le remplacer. Vivre à sa place. » Alain prend conscience de certaines choses. « Je suis pas totalement idiot, hein. Mon frère, Christian, c'est la même mort. Des accidents stupides, évitables, dit-il. — Et Anouk, votre fille, elle prend des risques évitables aussi ?, tente Dayan. Vous avez perdu tôt des personnes importantes et très jeunes. Vous devez être terrifié à l'idée que ça se reproduise. »

Joël Pacoret :
« C'est comme si le père d'Alain lui avait dit : "Tu prends la place du mort. Tu étais né pour ça, mais en même temps il va falloir que tu fasses aussi bien." Ce jour-là, Alain est dans une position impossible. Quand son associé, Christian, décède d'un accident, et qu'Alain "continue", les parents disent presque la même chose. Il se met une deuxième fois dans la situation de continuer le projet du mort. Je trouve qu'il n'y a pas beaucoup de doutes sur la structure psychique d'Alain. Pour moi, ce qu'il dépose tout de suite devant son psychanalyste, c'est : "je suis à la place du mort", voire "je suis vivant parce qu'on me demande d'être vivant à la place du mort." »

Après la prise de conscience, l'effondrement

Or, à la séance suivante, Alain est très agité, très touché par les nombreux messages haineux qui se déchaînent contre lui en ligne. À la suite de la séance précédente, il est parti rejoindre sa fille en Grèce, trop inquiet, et s'est violemment disputé avec elle. « C'est vous la semaine dernière qui m'avez dit que c'est normal que je m'inquiète pour elle. C'est même vous qui avez fait le lien entre Anouk et mon frère. Vous m'avez mis dans la tête des idées complètement intenables, avec vos interprétations à la con. Vous avez suggéré que ma fille allait mourir comme mon frère », s'énerve Alain. Ainsi, la prise de conscience de ces répétitions, que Dayan semble ouvrir comme une série de poupées russes, semble avoir fait « effondrer » le patient qui, jusque-là, était dans une construction qui lui permettait de tenir. Une situation qui, selon les psys interrogés, peut être plus facile à gérer quand on prend le temps.

Joël Pacoret :
« Cette prise de conscience le libère. Mais, si ça va trop vite, il va aller chercher une répétition où elle n'est pas, avec sa fille, et imagine une répétition dans le futur. D'une certaine manière, il décompense, il perd ce qu'est la réalité. Je trouve que ça indique qu'on va trop vite : ces répétitions, elles structurent quelque chose. Si on les enlève trop tôt, il va aller les chercher ailleurs.

La répétition, on ne va pas sauter dessus. Elle a une fonction, elle tient des choses autour d'elle, c'est un peu comme un mikado, on peut pas enlever tout de suite l'aiguille du centre car sinon tout l'ensemble va s'effondrer. »

Sandrine Vialle-Lenoël :
« Je me retrouve en partie dans la façon de faire de Dayan. Il parle beaucoup, interprète beaucoup à voix haute, beaucoup trop. Il existe néanmoins une différence fondamentale. Je prends le temps de l'interprétation, de ne pas dire ce que j'interprète au moment où ça apparaît en séance. Le silence, l'absence de réponse est nécessaire. Dayan prend le risque de faire s'effondrer complètement le sujet, c'est ce qui arrive : Alain s'effondre. Je prends le temps, je ne vais pas au-delà d'un savoir "inabsorbable", afin que le patient ne s'effondre pas. »

Joël Pacoret :
« Les répétitions sont en général moins flagrantes. Ce genre de schéma, de "moule" de la répétition, est plus déformable que dans cet exemple avec Alain. Une répétition, ça peut être par exemple d'être dans une position de ne pas vouloir faire de peine, ou d'avoir besoin de secourir, qui ne va pas forcément se répéter directement pour un objet d'amour, mais qui peut être, par exemple, déplacé dans le travail, à vouloir forcément sauver quelqu'un, ou prendre fait et cause pour une idée. La répétition, ce n'est pas un calque. »

Dayan continue alors son interprétation : celle de la difficulté, pour Alain, de se montrer à la hauteur d'un frère ou d'un ami disparu. « Une place impossible à tenir. » Il a du mal à voir sa fille vivre sa vie, il a le sentiment qu'elle lui échappe. Problème : son escapade lui coûte cher professionnellement. Il doit démissionner. Il semble vraiment défait lors de la séance suivante. « Avez-vous déjà pensé que ne pas vous réveiller serait une solution ? », demande Dayan, alors en plein procès dans l'affaire Chibane.

Une fois de plus, Dayan le lacanien fait remarquer à Alain un jeu de sonorité : le « ressassement », dans la bouche d'Alain, pourrait-il parler d'autre chose, comme d'une fausse tranquillité qu'il prétend avoir – « L'heureux, ça se ment ? ». L'observateur extérieur serait en droit de trouver que cela semble tiré par les cheveux. Mais si cette interprétation peut prendre du sens, c'est à ce moment-là, entre ces deux personnes-là.

Joël Pacoret :
« Pour moi, un autre patient qui dira ça, ça n'a pas ce sens-là. Cela n'a de sens que dans le travail qu'ils font ensemble et à ce moment-là dans le discours du patient. Alors le psy peut proposer cette interprétation-là. La plupart du temps, les actes manqués, les lapsus, dans le travail, ça dit quelque chose et la plupart du temps, les patients en font quelque chose. Cela n'a pas de sens général, cela doit être replacé dans la singularité. »

Au fil des séances, Alain semble s'enfoncer de plus en plus dans la crise. Une nuit, il a une hallucination, il voit son employée se suicider. Dayan s'inquiète au point de demander l'hospitalisation d'Alain Abgrall. Celui-ci évoque alors l'affaire Chibane. Dans cette saison post-confinement, le personnage d'Alain semble faire résonner comme un écho les problèmes de Dayan. Tous deux sont en proie à la culpabilité après un suicide lié à leur activité professionnelle. Ces morts ont réactivé pour les deux des problématiques du passé : la mort accidentelle du frère d'Alain, le suicide de la mère de Dayan.

Lors de la dernière séance, Alain semble plus apaisé. « Je suis vieux, et je n'ai pas vécu un seul moment pour moi-même », confie-t-il.

Sandrine Vialle-Lenoël :

« La question qui se pose à la fin, c'est la question de son propre désir. Une fois qu'il n'est plus dans l'injonction de l'autre, d'être à la place du mort et faire mieux que lui, et il doit vivre, mais, une fois qu'il n'occupe plus cette place, il est quoi ? Il est qui ? Quel est son désir ? Frédéric Pierrot, l'acteur, est incroyable, il a un sourire très apaisé, il est ravi que ce patient se dégage de cette position impossible pour pouvoir enfin se poser la question de son désir.

À ce point précis, il y a un écho aux réflexions de Dayan sur son propre désir de psychanalyste et les conditions d'exercice. Dayan lui dit alors : "Je ne vous ai pas remplacé." »

Une phrase très importante pour **Annie Cohen**, psychanalyste dans le 13e arrondissement de Paris.

« Ce que j'ai beaucoup aimé, c'est la dernière phrase de Dayan : "Je ne vous ai pas remplacé." Chez ce patient, l'identification au frère est très importante. C'est la parole du père ou de la mère qui aurait pu dire au frère défunt : "On ne t'a pas remplacé." Pour moi, cette phrase, c'est le cœur du travail psychanalytique, le moment où les patients peuvent être angoissés, inquiets de leur place vis-à-vis de leur psy. Dayan le ramène dans le travail psychanalytique à la fin, alors qu'on pensait que c'était fichu. »

Lexique

Analyste
Le ou la psychanalyste ou analyste est la personne qui traite des patients confrontés à des difficultés d'ordre psychologique ou névrotique, au moyen de la discipline que constitue la psychanalyse.

Analysant
Un analysant est une personne qui entreprend une psychanalyse.

Transfert et contre-transfert
Le transfert en psychanalyse désigne un processus au cours duquel des sentiments ou des désirs inconscients envers les premiers objets investis dans l'histoire d'un sujet – le plus souvent les parents –, se trouvent reportés sur une autre personne. La cure psychanalytique est le lieu privilégié de l'émergence et de l'analyse du transfert sur l'analyste.

Sigmund Freud (1856-1939)
Le médecin viennois est le fondateur de la psychanalyse, élaborée progressivement au tournant du XXe siècle. Neurologue, il se forme auprès des savants de son temps et notamment du Français Charcot, à Paris, spécialiste de l'hystérie. Sa découverte du rôle de l'inconscient fait figure de révolution dans l'histoire du traitement des troubles psychiques et plus généralement des sciences sociales. Il invente tout au long de sa vie une méthode d'investigation des symptômes névrotiques où la cure doit permettre au patient de trouver lui-même la cause. La règle fondamentale étant celle de l'association libre : le patient dit tout ce qui lui passe par la tête, sans hiérarchie prédéfinie. Freud invente aussi la disposition censée accompagner au mieux cette méthode, où le patient est allongé sur le divan et l'analyste assis derrière lui. Le bureau et le cabinet de Freud sont toujours visibles au Freud Museum de Londres, installé dans la maison où il s'est établi après son exil, en 1938, quelques mois avant sa mort.

Jacques Lacan (1901-1981)
Médecin psychiatre français, Jacques Lacan propose après la Seconde Guerre mondiale un « retour à Freud » qui renouvelle l'approche du fondateur à la lumière des savoirs de l'époque. Dans son célèbre Discours de Rome (1953), il énonce que l'inconscient est structuré comme un langage. Une approche qui divise la psychanalyse française. Dans ses ouvrages et séminaires, il réinterprète les fondamentaux freudiens, notamment autour du concept de jouissance du patient et revoit les cadres de la cure analytique, qui n'est plus définie par un temps prédéfini mais par la parole du patient. De nombreuses écoles, notamment en France, se réclament aujourd'hui de son héritage.

Thérapie systémique
En plus du niveau individuel, la thérapie systémique cherche à aborder les gens dans une compréhension globale portant sur les interactions de groupes et les caractéristiques du milieu dans lequel elles vivent. Ces thérapies examinent les troubles psychologiques et comportementaux du membre d'un groupe comme un symptôme du dysfonctionnement dudit groupe (généralement la famille).

Thérapie comportementaliste
Les TCC (thérapies comportementales et cognitives) se sont d'abord développées aux États-Unis à partir des années 1950 avant d'arriver en France dans les années 1970. À partir d'une « analyse fonctionnelle » des troubles du patient, le thérapeute va proposer un contrat, avec un programme basé sur un certain nombre de techniques reproductibles d'un patient à l'autre, pour parvenir à un objectif et modifier des schémas dysfonctionnels (une phobie, une angoisse, une obsession, un trouble du comportement…). Ce sont en général des thérapies plus courtes.

Surmoi
Dans la théorie freudienne, le surmoi est l'une des trois instances de l'appareil psychique, les deux autres étant le moi et le ça. Identifié au départ par Freud comme une forme de « conscience morale » des individus, le surmoi est à l'origine de nos interdictions internes et nous empêche d'assouvir nos pulsions sans tenir compte d'autrui. Il s'imprègne à la fois des interdits universels – l'inceste, le cannibalisme… –, des interdits culturels propres à chaque civilisation – la nudité, les rituels alimentaires, religieux… – et des interdits parentaux.
Le « ça », de son côté, désigne la part la plus inconsciente de l'homme, c'est le réservoir des instincts humains, le réceptacle des désirs inavoués et refoulés au plus profond.
Le « moi », enfin, le moi correspond à la partie défensive de notre personnalité, il est considéré comme la plus consciente. Il tente grâce à un rôle de médiateur de répondre aux intérêts respectifs du ça, du surmoi et du monde extérieur afin de trouver un certain équilibre.

Névrose
La névrose fait partie des maladies de la personnalité. Elle n'est généralement pas grave, et les troubles comportementaux associés sont souvent mineurs. L'origine de la névrose est le plus souvent relative à un traumatisme plus ou moins récent ayant impacté l'état psychologique de la personne. Le patient a totalement conscience de ces troubles et n'est pas du tout « déconnecté » de la réalité. On parle aujourd'hui davantage de « troubles névrotiques » qui regroupent les troubles obsessionnels compulsifs (TOC), les troubles anxieux et phobiques, les troubles somatoformes ou encore le stress post-traumatique.

Psychose
La psychose caractérise un état psychique de perte de contact avec la réalité. Aujourd'hui, en psychiatrie, le terme de psychose est désuet. Toutefois le *DSM-5, Manuel diagnostique et statistique des troubles mentaux et des troubles psychiatriques*, de l'Association américaine de psychiatrie, présente des pathologies mentales caractérisées par une altération du rapport à la réalité : le trouble délirant persistant, le trouble psychotique bref, le trouble schizo-affectif, le trouble psychotique induit par une substance, la schizophrénie et le trouble bipolaire (ou psychose maniaco-dépressive).

Pulsion
La pulsion est un concept fondamental de la psychanalyse. Le corps connaît des excitations internes qui déclenchent des besoins impérieux et amènent un état de tension. Les pulsions communiquent ces besoins du corps au psychisme. Selon Freud, toutes les pulsions ont quatre caractères communs : la source, dans une zone érogène du corps, la poussée, le but, satisfaction du besoin pour apaiser l'état de tension, et l'objet, outil de cette satisfaction. Selon la psychanalyse, la pulsion de mort vise à la suppression radicale des tensions liées aux pulsions de vie.

Rêve
Le rêve peut se définir comme une production psychique intervenant pendant le sommeil. Cependant, la définition peut être étendue en psychanalyse. Le rêve constitue la voie d'accès privilégiée vers l'inconscient car il est une interprétation codée du désir.

Lapsus
Le lapsus est l'utilisation, dans le langage, ou l'écriture, d'un mot à la place d'un autre de façon incontrôlée. D'après l'approche psychanalytique, le lapsus révèle des désirs inconscients. Il permet de passer au-delà des barrières de censure du surmoi. Par définition, le lapsus étant une erreur incontrôlée, il peut laisser un sentiment de malaise et l'impression d'avoir exprimé une pensée involontaire.

Psychodrame
Le psychodrame est le plus souvent utilisé en thérapie individuelle ou de groupe. Sous la direction d'un thérapeute, les patients jouent un rôle plus ou moins proche de la réalité et improvisent autour d'une scène imaginée afin de faire ressortir leur problème intérieur.

Troubles du stress post-traumatique
Les troubles du stress post-traumatique (TSPT) sont des troubles psychiatriques qui surviennent après un événement traumatisant. Ils se traduisent le plus couramment par une souffrance morale et des complications physiques qui altèrent profondément la vie personnelle, sociale et professionnelle.

Tranche d'analyse
Après une psychanalyse arrivée à son terme, le travail analytique a parfois besoin d'être réactualisé, par tranches de vie, lorsque des épreuves (deuil, maladie, divorce, etc.) surgissent dans l'existence. On parle alors de reprendre une « tranche » d'analyse, éventuellement avec un autre analyste.

Sont cités dans ce livre,
par ordre alphabétique :

Sophie Aouillé, psychologue et psychanalyste dans le XIVe arrondissement de Paris.

Véronique Barfety-Servignat, psychologue clinicienne, CHU de Lille, psychothérapeute en libéral, chercheuse associée à Paris 8, cofondatrice avec Françoise Hirsch de HirschBarfety Conseil, agence de conseil en psychologie et psychopathologie des personnages auprès des producteurs et scénaristes de cinéma et séries.

Laelia Benoit, pédopsychiatre, sociologue, chercheuse à l'université de Yale aux États-Unis, et à l'Inserm en France.

Caroline Bernard, psychologue-psychanalyste dans le XIXe arrondissement de Paris.

Michel Bruno, psychologue clinicien et psychanalyste dans le Xe arrondissement de Paris.

Annie Cohen, psychanalyste dans le XIIIe arrondissement de Paris.

Dr Ludovic Gadeau, docteur en psychopathologie clinique. Psychologue clinicien, psychothérapeute-psychanalyste. Maître de conférences des universités (UGA-France). (Interview réalisée par e-mail)

Hélène Elkaim, psychologue clinicienne et psychanalyste dans le Xe arrondissement de Paris, membre affiliée de la Société de psychanalyse freudienne.

Françoise Hirsch, psychologue clinicienne, CHU de Toulouse, cofondatrice avec Véronique Barfety-Servignat de HirschBarfety Conseil (voir plus haut).

Dominique Launay, psychologue clinicienne à Caen, retraitée.

Clotilde Leguil, psychanlayste et philosophe, membre de l'École de la Cause freudienne.

Julie Mortimore Billouin, psychothérapeute et psychanalyste dans le Xe arrondissement de Paris.

Charles Nawawi, psychanalyste dans le Xe arrondissement de Paris.

Joël Pacoret, psychologue et psychanalyste dans le XIe arrondissement de Paris.

Camilo Ramirez, psychologue et psychanalyste à Paris, membre de l'École de la Cause freudienne.

Michaël Stora, psychiatre et psychanalyste dans le XIe arrondissement de Paris.

Vanessa Sudreau, psychologue et psychanalyste à Toulouse, membre de l'École de la Cause freudienne.

Marie-Laure Susini, psychiatre et psychanalyste dans le IIIe arrondissement de Paris.

Corinne Tyszler, pédopsychiatre, responsable de CMP dans le Val-d'Oise, psychanalyste.

Emmanuel Valat, psychanalyste dans le XVIIIe arrondissement de Paris.

Sandrine Vialle-Lenoël, psychosociologue et psychanalyste.

Nous remercions aussi
Dr Kenji Abe, psychiatre dans le XIIe arrondissement de Paris.

Bibliographie

Les Chemins de la thérapie, Samuel Dock, Flammarion, 2022
Courants et pratiques psy, sous la direction de Marc Horwitz, Larousse
Vocabulaire de la psychanalyse, J.Laplanche et J.-B. Pontalis, PUF, 2009

En ligne :
On a regardé *En thérapie* avec une psychologue, vidéo Konbini de février 2021
https://www.dailymotion.com/video/x7zee6w

Blog *La psychanalyse en série*, sur le site des Éditions Érès
https://www.editions-eres.com/blog/la-psychanalyse-en-serie

Podcast *Tomber les murs*, sur la santé mentale des jeunes, initié par la jeune chanteuse Tessae, avec la pédopsychiatre Laelia Benoit (6 épisodes)

« Que se passe-t-il pendant une psychanalyse ? », « Sans oser le demander », 22 mars 2022, France Culture, avec le psychanalyste Michel Gribinski, présenté par Matthieu Garrigou-Lagrange
Disponible en podcast https://www.radiofrance.fr/franceculture/podcasts/sans-oser-le-demander/histoire-de-la-psychanalyse-1564150

Articles :
« La série En thérapie, fiction ou réalité ? », Françoise Hirsch et Véronique Barfety-Servignat, *Le Journal des psychologues*, juin 2021
Aliocha Delmotte, révélation de *En thérapie* : « En tournage, on travaille mais avec l'impression d'être en vacances », *Le Parisien*, 20 avril 2022
Frédéric Pierrot (*En thérapie*) : « Ma mère me dit : « Mais enfin, tu n'es pas vraiment psy quand même !" », *Télérama*, 31 mars 2022
« *En thérapie* sur Arte (4/5) : des acteurs et des actrices sur le divan », *Télérama*, 4 février 2021
« L'ami Pierrot », *TéléObs*, 22 août 2013
https://www.telerama.fr/ecrans/en-therapie-par-olivier-nakache-et-eric-toledano-tout-se-joue-dans-le-cinema-interieur-des-comediens-7009738.php

« En thérapie sur Arte », deux psychanalystes cinéphiles analysent la série, *Marianne* 11 février 2021
https://www.marianne.net/culture/cinema/en-therapie-sur-arte-deux-psychanalystes-cinephiles-analysent-la-serie

Illustrations et crédits photographiques

Toutes illustrations © Caroline Andrieu sauf :

p. 12 © Sylvain Lefevre/Getty Images
p. 13 © Home Box Office Inc/Collection Christophel
p. 14 © Alain RobertApercu/Sipa
p. 15 © Louis Monier/Bridgeman Images
p. 18 © Moune Jamet/Collection Christophel
p. 19 © Manolo Pavo - Amalur Pictures - Arcadia Motion Pictures - Noodles - Le Pacte - Caballo Films - Canal+ France/Collection Christophel
p. 20 © Avenue B Productions - Eskwad – Bangumi/Collection Christophel
p. 24 © Bridgeman Images
p. 29 (droite) © Collection Bourgeron/Bridgeman Images
p. 29 (gauche) © Lebrecht Music Arts/Bridgeman Images
p. 30 © Bridgeman Images
p. 37 © Carole Bethuel - Kazak Productions - Arte France Cinema/Collection Christophel
p. 38 © Mars distribution/Collection christophel
p. 40 NZ/Collection Cristophel
p. 53 © Bridgeman Images

Éditions Gründ
Gründ, un département d'Edi8
92, av. de France 75013 Paris

ISBN : 978-2-324-03204-2
Dépôt légal : octobre 2022
Imprimé en Espagne par Macrolibros

FSC
www.fsc.org
MIXTE
Papier issu de
sources responsables
FSC® C003309